Morticia Zschiesche
Kino macht mobil
Das Comeback der Wanderkinos
Essays zur Zukunft des Kinos

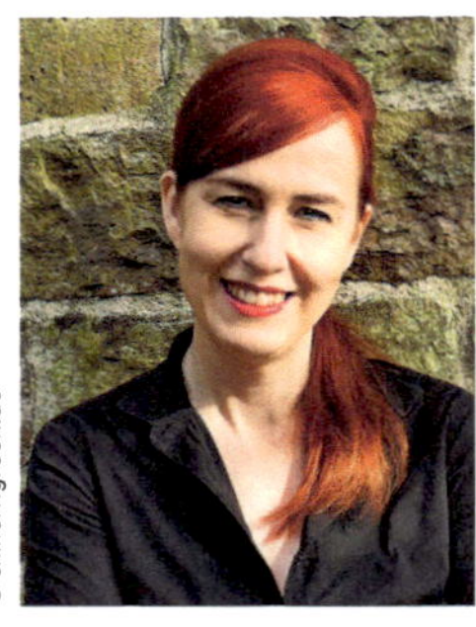

© chilterngreen.de

Die Autorin

Morticia Zschiesche studierte Theater-, Film- und Fernsehwissenschaften sowie Publizistik an der FU Berlin. Sie promovierte an der Ruprecht-Karls-Universität Heidelberg in Soziologie. Die Autorin, Kuratorin und Kultur-Beraterin interessiert sich besonders für die Vermittlung von Filmkunst und Kinokultur und ist Mitglied im Verband der deutschen Filmkritik / FIPRESCI International Federation of Film Critics. Ihr Debütroman *Die kleinen Leute gehen ins Kino* ist 2021 erschienen. 2023 war sie Jahresstipendiatin im Rahmen des Siegfried-Kracauer-Preises.

Fotograf der Umschlagabbildungen

Telemach Wiesinger, geboren 1968, ist Künstler: Filmemacher, Lichtbildner und Dozent. Seine Arbeiten zeigen diverse Buchveröffentlichungen und Einzelausstellungen, seine 16-mm-Filmarbeiten laufen auf internationalen Filmfestivals und sein Ateliersitz liegt in Riegel am Kaiserstuhl. Telemach Wiesinger erzählt Bildergeschichten – analoge Filmkamera und Bilderwerfer sind seine Werkzeuge. Dahinter steht der Gedanke, dass Film nicht nur ein anonymes, beliebig oft wiederholbares Ereignis im dunklem Kinosaal – ohne direkten Kontakt zwischen Sender und Empfänger – ist, sondern dass das Publikum dem Filmemacher, seinen Geschichten und seinem Material direkt auf seiner FILM POEM TOUR begegnen kann.
www.telemach-wiesinger.de

Morticia Zschiesche

Kino macht mobil

Das Comeback der Wanderkinos

Essays zur Zukunft des Kinos

SCHÜREN

Bibliografische Information der Deutschen Nationalbibliothek
Die Deutsche Nationalbibliothek verzeichnet diese Publikation in der Deutschen Nationalbibliografie; detaillierte bibliografische Daten sind im Internet über
http://dnb.d-nb.de abrufbar.

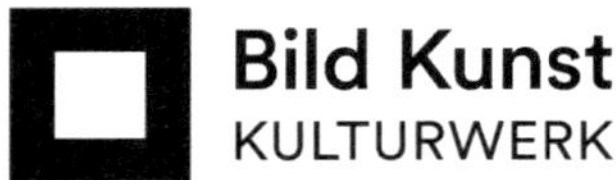

Diese Publikation wurde von der Stiftung Kulturwek der VG Bild-Kunst gefördert

Schüren Verlag GmbH
Universitätsstr. 55 | 35037 Marburg
www.schueren-verlag.de

Gestaltung: Erik Schüßler
Umschlaggestaltung: Wolfgang Diemer unter Verwendung von Abbildungen aus den 16-mm-Filmpoems TURBULENCE (D 2022) und KYKLOP (D 2023) von Telemach Wiesinger
Druck: Beltz Grafische Betriebe, Bad Langensalza
Printed in Germany
ISBN 978-3-7410-0483-4

Inhalt

Einleitung und Dank

Kino macht mobil, so lautet die Grundthese und beschwörende Formel des vorliegenden Essaybands. Auf den beiden Titelbildern hat dies der Filmkünstler und Fotograf Telemach Wiesinger mit zwei Film-Stills aus seinen 16-mm-Filmpoems TURBULENCE (D 2022) und KYKLOP (D 2023) treffend in Szene gesetzt. In seinem flexiblen analogen Wanderkino führt er seine Filme weltweit erfolgreich in Kinos, auf Festivals, in Museen oder auf Freiflächen vor und ist mit diesem Rückgriff auf die Wurzeln des Kinos Avantgarde. Wenn es um die Zukunft des Kinos geht, gilt es, dieses wertvolle Potenzial in den nächsten Jahren weiter auszuschöpfen. Oder wie es Edgar Reitz bei der diesjährigen Berlinale so treffend auf den Punkt brachte: Kino ist eine Weltkultur, in der als jüngste von allen Künsten noch immer Pionierarbeit geleistet wird. Kino mobilisiert emotional ebenso wie es von seinen Anfängen an bis heute in Bewegung geblieben ist und sich dabei immer wieder neu erfindet. Eine Schlüsselrolle kommt dabei einer ganz besonderen Form der Kinopraxis zu: dem Wanderkino. Es hat als Urform des Kinos gemeinsam mit den Theaterwanderbühnen die Film- und Kinogeschichte komplett durchdrungen und feierte nicht überraschend während der Pandemie sein großes Comeback.

Der erste Teil in diesem Band blickt auf genau diese Form der Mobilisierung des Kinos – auf die Geschichte des Wanderkinos ebenso wie auf zukünftige Entwicklungsmöglichkeiten durch neue Formen der agilen Aufführungspraxis. Was lässt sich mit dem Blick in die Vergangenheit aus der Resilienz des Wanderkinos für innovative Kinoformen und seiner Bedeutung für die Filmkunst lernen? Das ambulante Kino begeisterte bereits vor mehr als 125 Jahren auf Jahrmärkten und in Varietés das Publikum so sehr, dass nach seinem Vorbild schon bald eine Vielzahl von ortsfesten Filmkunsttheatern und Kinos entstanden, wie wir sie noch heute kennen. Hinzu kommt der Einfluss wanderbühnenerfahrener Künstlerinnen und Künstler, durch die die Wanderbühne als Filmmotiv Einzug in die Filmgeschichte erhielt. Als eine Art ‹mobiles Genre› prägte es mit seinen narrativen Grundmustern und kulturellen Codes zahlreiche berühmte Filmklassiker, die es in diesem Kontext neu zu entdecken gilt – wie DAS CABINET DES DR. CALIGARI (D 1920) von Robert Wiene, LA STRADA (I 1954) von Federico Fellini oder THE IMAGINARIUM OF DOCTOR PARNASSUS (DAS KABINETT DES DR. PARNASSUS, GB/F/CDN 2009) von Terry Gilliam. Diese gegenseitige Durchdringung von Wanderbühne, Wanderkino, Akteuren und Filmkunst wurde bisher kaum ausreichend gewürdigt und soll zu mehr Beschäftigung mit dem Thema anregen. Mit diesem gesellschaftlichen und künstlerischen hohen Pfund kann bewegliches Kino auch zukünftig überall dort wuchern, wo klassische Filmtheater in medialen Umbruchzeiten schon lange nicht mehr hinreichen und proaktiv dorthin zurückkehren, wo es hingehört – zu seinem Publikum.

Doch nicht nur das Kino selbst muss weiter beweglich bleiben. Auch seine Inhalte müssen weiter mobilisieren und unsere Gesellschaft in ihrer ganzen Vielfalt beleuchten. Aber wie schaffen wir es, dass die Menschen auch dann hinsehen, wenn es um Krieg und mörderische Konflikte als Teil unserer Identität geht?

Die unauslöschliche Erinnerung an erlebte Gräueltaten ist eine der furchtbarsten Waffen des Kriegs, und Film wird dabei oft als Propaganda missbraucht. Doch zugleich können Filmkunstwerke durch gekonnten Perspektivwechsel auf Leinwand und das Gespräch darüber zum wichtigen Mittel werden, um zukünftige Kriege zu vermeiden oder gar Frieden zu schaffen. Der zweite Teil in diesem Band beleuchtet daher die Mobilmachung des Kinos und stellt einzigartige Filme über den Krieg aus den letzten Jahrzehnten durch verschiedene Genres und Entstehungsländer hindurch vor, die als Kultfilme Maßstäbe setzten und dabei selbst mitunter Grenzen weit überschritten. Was machte der Krieg im Film mit den Menschen, die ihn drehten? Was macht der Krieg im Film heute mit uns und was können wir in Hinblick auf aktuelle kriegerische Konflikte lernen? Wie weit darf ein Film zudem bei den Dreharbeiten gehen? Es sind Filme über den Krieg und für den Frieden zugleich, die unter die Haut gehen und kollektive Gefühle erzeugen – eine der großen Errungenschaften des Kinos und daher wichtig, diese Werke immer wieder Menschen allen Alters zugänglich zu machen und sie mit kritischem Blick neu sehen zu lernen.

Die beiden Essayreihen in diesem Band entstanden 2023 im Rahmen meines Jahresstipendiums durch den Siegfried-Kracauer-Preis, mit dem der Verband der deutschen Filmkritik zusammen mit der MFG Medien- und Filmgesellschaft Baden-Württemberg, der Film- und Medienstiftung NRW und der Mitteldeutschen Medienförderung MDM der Filmkritik mehr Aufmerksamkeit in der Öffentlichkeit verschaffen will. Die Texte wurden vom Medienpartner *Filmdienst* auf filmdienst.de veröffentlicht und für den vorliegenden Band leicht überarbeitet. Diese finanzielle und publizistische Unterstützung war ein besonderer Motor für mich. Möge diese Wertschätzung und Förderung von Filmkritik auch in Zukunft noch vielen anderen Autor:innen zu Gute kommen und für ihre Arbeit motivieren.

Mein großer Dank geht an Dr. Annette Schüren, die ohne zu zögern diesen Essayband realisiert hat. Für die redaktionelle

Betreuung und das Lektorat danke ich ihrem Team sowie Josef Lederle, Dr. Felicitas Kleiner und den Mitarbeiter:innen vom *Filmdienst*, Max-Peter Heyne von der MFG Medien- und Filmgesellschaft Baden-Württemberg für die organisatorische Unterstützung und dem Vorstand vom Verband der deutschen Filmkritik für die kollegiale Hilfe. Ich danke zudem sehr Prof. Dr. Cord Arendes, der mir privat in jeder Hinsicht den Rücken freigehalten hat, sodass ich meine Arbeit als Autorin überhaupt in dieser Weise fortsetzen konnte.

Herzlicher Dank geht ganz besonders an Alexander Pawlak, der mich mit seinem klugen redaktionellen Blick, seinem Optimismus und seiner unendlichen Geduld versiert durch viele Diskussionen, Filmsichtungen und Korrekturen begleitet hat. Für die Hilfe bei der Recherche zu Wanderbühnenfilmen danke ich außerdem Renate Karst-Matausch, Uli Schmider sowie Alexander Pawlak für die Nutzung ihrer umfangreichen privaten Film- und Buchsammlungen.

Für die Initiation zur Beschäftigung mit der Bedeutung von Wanderbühnen und -kinos in der Film- und Kinogeschichte danke ich darüber hinaus Florian Kaiser von der Wanderbühne Carnivore. Florian sorgte außerdem gleich in der Praxis dafür, dass sich die beiden Urformen auch aktuell gebührend begegnen konnten: Beim ersten Internationalen Wanderbühnenfestival 2023 in Heidelberg, veranstaltet von der AG Spektakel Heidelberg e. V., gastierte auch das WoAndersKino vom Kommunalen Karlstorkino Heidelberg mit Wanderbühnen-Filmen in stimmungsvoller Open-Air-Atmosphäre. Für die Einladung zu Vortrag und Lesung bei diesem Festival danke ich auf diesem Weg Florian Kaiser und Kerstin Kiefer nochmals sehr herzlich.

Zudem danke ich Hermann Ungerer, Leiter der Volkshochschule Edingen-Neckarhausen und leidenschaftlichem Wanderkino-Macher, für seine Idee zur Veranstaltungsreihe *Der Krieg in uns*, aus der heraus das Thema für die zweite Essayreihe in diesem Band entstand. Der Erfolg des Open-Air-Kinoabends zu Charlie Chaplins THE GREAT DICTATOR und mein Vortrag dort ermutigten mich, genauer auf Filme über Krieg zu schauen, um deren Erfolgsrezept zu entschlüsseln.

Dass in diesem Band Wanderkinos und -vorstellungen in all ihren innovativen Formen auch auf Bildern zur Geltung kommen, ist nicht selbstverständlich und nur deshalb möglich, weil zahlreiche Fotograf:innen und Institutionen den Abdruck unterstützt haben. Persönlich danke ich besonders Claudia Siegel und Tobias Rank vom *Wanderkino*, dem Daumenkinographen Volker Gehrling und Susanne Schüle, Philipp Zengel und der DEFA-Stiftung, Birgit Umathum und der Stiftung Deutsche Kinemathek, Mandy Berghoff und Bertelsmann, Marcel Steinlein und der Friedrich-Wilhelm-Murnau-Stiftung, Nadine Mayer und Sarah Adam von *A Wall is a Screen*, Andrea Bohacz und Christoffer Greiß vom *Kollektiv UrbanProjection*, Erwin Heberling vom Film- und Kinobüro Hessen sowie Hans-Joachim Losert, Alexander Pawlak und Telemach Wiesinger für ihre wertvolle Unterstützung.

Das Kino kann nur überleben, wenn es weiterhin Menschen gibt, die mit ihrer ganzen Kraft bewegende Werke für die große Leinwand schaffen und gleichzeitig das Kino selbst kontinuierlich in Bewegung halten. Daher gebührt mein abschließender Dank allen, die sich mit ihrer ganzen Kraft für die Zukunft des Kinos einsetzen und das oft mit hohem ehrenamtlichen Engagement und persönlichen Einsatz. Ich bin sehr stolz, mit meinen Texten einen Beitrag leisten zu können. Im Sinne von Edgar Reitz: Lasst uns Pioniere sein!

1 Mit <Drive> gegen Wirtschaftskrisen

Wie sich das Wanderkino in die Herzen des Publikums spielte

Die Wanderbühne wurde immer wieder totgesagt. Doch zeigt sie sich in den Städten wie auf dem Land quicklebendig und schlägt auf neue Arten ihre Zelte auf: Ob eine Shakespeare-Tour auf dem bunten Theatertruck des Mannheimer Nationaltheaters, die eleganten «UFA-Filmnächte» auf der Berliner Museumsinsel, das «Münchner Filmfest» als imposantes mobiles Kino-Open-Air, das urban-bunte «Mannheim Kinokult Open-Air» auf der Aktionsfläche ALTER am Neckar oder «Midnight Madness Movies» im Hinterhof des Kommunalen Karlstorkinos in Heidelberg – überall klappten in den vergangenen Sommern der Pandemie selbst renommierte Theaterbühnen, Filmfestivals und Kinos zusätzliche Lkw-Ladeflächen, Leinwände, Zelte und Bänke auf, um die Menschen wieder in ihre Veranstaltungen zu locken. Im Schatten von Corona herrschte

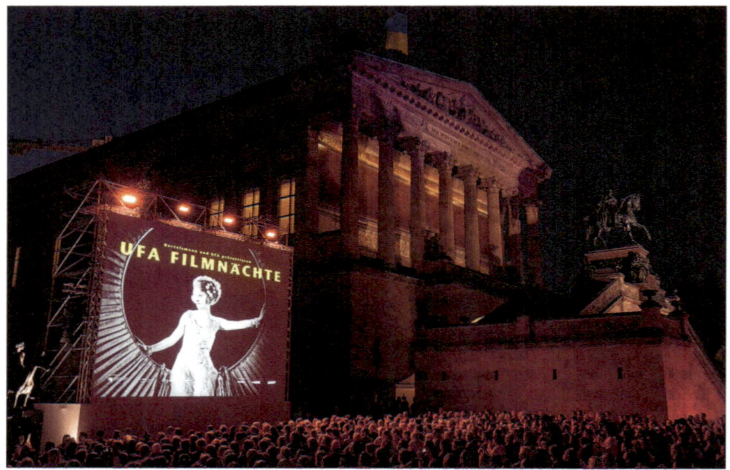

1 «UFA-Filmnächte» 2022 auf dem Kolonnadenhof der Berliner Museumsinsel

plötzlich Hochkonjunktur für sonnenumflutete und mondbeschienene Theater- und Kinowanderbühnen-Stätten, die vorher ein Nischendasein fristeten. Die Spielstätte auf freien Plätzen – noch vor Kurzem vom Bürgertum gemieden, wurde nun mit schickem Regenschirm, Thermoskanne und Blick in den Sternenhimmel zum virensicheren und kostengünstigen Event erklärt. Höchste Zeit also, diese neu aufflammende Begeisterung für das ambulante Spiel vielschichtig zu betrachten, bietet es Inspirationen für zukünftige Kinoformen wie für die Filmkunst gleichermaßen. Dazu zunächst ein Blick auf die frühe Geschichte dieser Aufführungspraxis, die das Kino von seinem Ursprung bis hin zu seinen Filmen komplett durchdrungen hat.

Die aktuellen Wanderbühnen stehen ganz in der Tradition der ersten Gehversuche des europäischen Kinos Ende des 19. Jahrhunderts, wie es die Kinohistorikerin Corinna Müller in ihrem grundlegenden Werk *Frühe deutsche Kinematographie* (1994) nachzeichnet. Dort finden sich auch viele Hinweise auf eine schicksalhafte Begegnung: Das frühe Kino ist mobil und begeistert sowohl auf lauten Rummelplätzen und in Ladenlokalen als auch im Varieté als neue Attraktion. Dort trifft es das erste Mal auf das in Europa historisch tief verwurzelte Wandertheater, das mit eigenem Programm und Ensemble, mal mit, mal ohne eigenes Festzelt durch das Land reiste. Solche Wander- und Spezialitätentheater gehen mit dem Wanderkino bald eine fruchtbare Symbiose ein, ob in der Entwicklung des Kinos, der filmischen Erzählung oder über seine Wandertheater erprobten Filmkünstler:innen, die wie Asta Nielsen oder Klaus Kinski mit ihrem erotischen Nimbus der skandalumwitterten Vagabund:innen faszinierten. 1895 fanden die ersten Filmprojektionen durch die Brüder Skladanowsky im Berliner Varietétheater Wintergarten statt. Parallel dazu waren die Brüder Lumière in Frankreich mit ihren selbstentwickelten Kinoprojektoren aktiv. Inspiriert wurden sie durch den Kinetoskopen, den der US-amerikanische Ingenieur William Kennedy Laurie Dickson für Thomas Alva Edison gebaut hatte. Auch die Brüder Skladanowsky konnten schon auf Erfahrungen mit dem fahrenden Gewerbe und seiner spezifischen Aufführungspraxis zurückblicken. Ihr Vater war Schausteller für Laterna-Magica-Vorführungen, die auf Jahrmärkten, in Varietés und Wirtshäusern stattfanden und oftmals opulent projizierte Bildschauen mit Musik und Erzählung boten (Müller 2003). In der Tradition dieser illusionistischen Bühnenzauber-Techniken und Animationen startete das frühe narrative Kino. Und das kam keineswegs nur schwarz-weiß daher. Schon die bedeutenden Pionier:innen des Films wie Georges Méliès und Alice Guy-Blaché schufen kunstvoll eingefärbte oder handkolorierte magisch-realistische Kurzfilme. Der Filmhistoriker Thomas Elsaesser (2002) geht in einer groben Schätzung von 80 Prozent der Filme aus, die um 1904 auf diese Weise bereits ‹in Farbe› waren. Das war eine Attraktion, die vor allem durch Schausteller:innen, welche die Vorführmaschinen und vorhandenen Filme kauften, Einzug in die Welt erhielt.

Nach Einschätzung des Wanderkino-Experten Joseph Garncarz (2010) konnte sich die neue Medientechnologie schnell durchsetzen, weil sie für die Mehrheit attraktiv, verfügbar und preiswert(er) war. Das ist eine Erfolgsformel, die auch für die Streamingdienste von heute gilt, wenn es dem Kino das Publikum abzieht. Damals fungierte das Wanderkino – nicht etwa das Varieté – als entscheidender Motor für die Verbreitung des neuen Mediums Film in Deutschland, so Garncarz' These. Denn Wanderkinos hatten weitaus mehr Zuschauer als die Varietés – um 1904 bis zu einer Million pro Woche gegenüber 70.000 im Varieté, das an Wirtschaftlichkeit verlor. Zudem erreichten die Wanderkinos nicht nur eine breite Bevölkerungsschicht, sondern fanden ihr Publikum auch außerhalb der großen Städte und Theaterstandorte wie der Riesen-Kinematograf des Schaustellers Philipp Leilich, der europaweit gleich vier große Wanderkino-Unternehmen führte. Wanderkinos fuhren, so eine weitere Zählung bis 1907, etwa 1.300 Orte an und waren damit statistisch gesehen in jedem Ort in Deutschland über 5.000 Einwohner präsent (Garncarz 2002) – ein auch heute noch wünschenswerter Zustand für viele kleine und mittlere Städte, in denen es schon längst keinen regulären Kinosaal mehr gibt.

Ein lukratives Geschäft begann. In den folgenden Jahren entstanden in Mitteleuropa immer größer und prächtiger werdende Wanderkinos, die auf Jahrmärkten ihr oftmals noch auf Spektakel getrimmtes Filmprogramm darboten. Es waren vor allem Inhaber von sogenannten ‹Spezialitätentheatern›, die sich in Abgrenzung zu den höfischen und städtischen Theatern um 1880 herum gebildet hatten und nun auf den gewinnbringenden Wanderkino-Karren aufsprangen, hatten sie ihre ambulante Ausstattung doch bereits dabei und verfügten über Erfahrungen mit Werbung, Lizenzen und öffentlichen Plätzen. Bis etwa 1908 gehörten Wanderkinos zur wichtigsten Auswertungsstätte von Filmen. Entgegen der landläufigen Auffassung bestand das Publikum des ‹Theaters der kleinen Leute› jedoch mitnichten nur aus Arbeiter:innen und niederen Schichten. Es umfasste signifikant junges Publikum, das maßgeblich zum schnellen Aufstieg des Kinematografen-Kinos beitrug und auch den Nachwuchs der oberen Klassen dem klassischen Theater abspenstig machte,

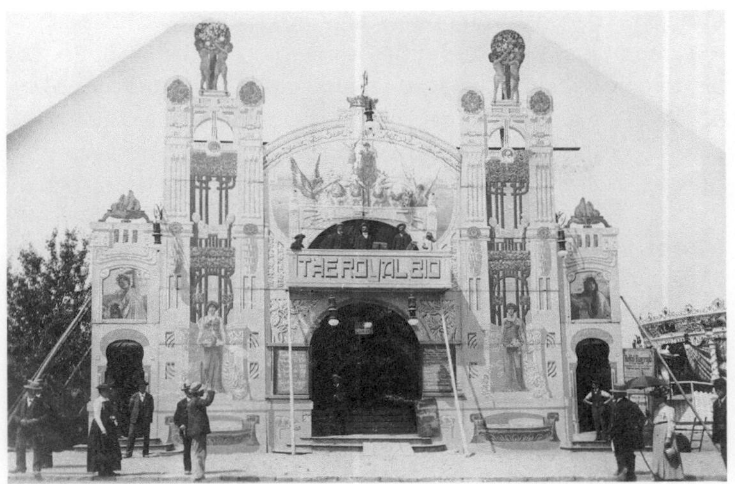

2 Imposante Wanderkinos wie der Riesen-Kinematograf «The Royal Bio» von Philipp Leilich um 1907 waren entscheidender Motor für das neue Medium Film

wie es Müller darlegt (1994). Das frühe Kino wirkte damit als Massenmedium in alle Gesellschafts- und Altersgruppen hinein, und ließ die Branche boomen – eine Breitenwirkung, die sich das Kino noch heute zunutze macht. Bis in die Gegenwart hinein hat das Kino seine größte Reichweite bei jungen Menschen, die außerdem laut der FFA-Kinobesucherstudie 2021 nach der Pandemie auch am schnellsten in die Kinos zurückgekehrt sind.

Die größten Wanderkinos, die Zirkuskinematografen, imitierten mit ihrer Größe, ihrer aufwendigen Dekoration und den Sitzplatzrängen die Stadttheater und erhoben differenzierte Eintrittspreise. Die Filmhistorikerin Anne Paech (2000) führt den Zirkusdirektor Ferdinand Althoff an, der 1905 seinen Zirkus sogar ganz mit einem herrschaftlichen Wanderkino eintauschte, durch Europa tourte und dabei seine Tiere lieber auf Leinwand zeigte und in Filmboxen transportierte, auch wenn der Transportaufwand seiner mobilen Plüsch-Paläste immens blieb. Es war eine wichtige Aufbauarbeit der Schausteller:innen, die zum Bau, der Akzeptanz und sogar dem Stil von ortsfesten Kinos in den Städten beitrug, mit denen dann wiederum der Niedergang vieler Wanderkinos einherging. Doch Totgesagte leben länger: das Wanderkino verschwand nie ganz. Im Gegenteil – es pflegte schon bald eine friedliche Koexistenz zu den ortsfesten Kinos oder bildete sogar ihre mobile zweite und eben keineswegs ‹primitive› Spielstätte, wie die Schweizer Wanderkino-Forscherin Mariann Lewinsky (2000) betont. So wie der mobile Zirkus-Palast von Althoff fuhren auch andere ambulante Kinos weiterhin durch das Land, oft verstärkt in die Dörfer, wo sie neues und dankbares Publikum fanden und so bis in die Tonfilmzeit erfolgreich spielen konnten (Paech 2000) – und gerade heute wieder ihr Comeback erleben.

Und eine andere Aufführungspraxis aus der Vergangenheit könnte in Hinblick auf den wirtschaftlich bedrohten Einzelhandel in den Innenstädten wieder Konjunktur haben. In Berlin gründeten sich 1905/1906 besonders viele Ladenkinos als erste ortsfeste ‹Kientöppe›, weil neue große Kaufhäuser die Existenz von kleineren Einzelhändlern wirtschaftlich bedrohten. Das agile Kino-Modell der wandernden Schausteller:innen, die zugkräftig auch per Anzeige für sich warben, lockte die unter Druck geratenen Geschäftsleute, die sich die profitable kulturelle Praxis des Wanderkinos aneigneten (Garncarz 2002). Hinzu kamen regelmäßige Vorstellungen in Sälen von Hotels oder Kneipen, die ohne zusätzliche Bühnenshows oder Jahrmarktattraktionen mit längeren spezifischen Filmprogrammen bestimmte Zuschauergruppen ansprachen (Garncarz 2010). Es war «die Freude am Schauen», wie die Soziologin Emilie Altenloh (1913) in ihrer wegweisenden Dissertation über das frühe Kinopublikum die Motivation der Massen zusammenfasst. Außerdem beobachtete sie die zunehmende Abwanderung des erwachsenen Bürgertums vom Theater in die neuen Kinostätten. Mit verbesserter Technik, einem Verleihsystem und einer dynamisch wachsenden Filmindustrie entstanden in Deutschland zwischen 1911 und 1914 vor allem in den größeren Städten eine zunehmende Zahl an Ladenkinos sowie architektonisch attraktive ortsfeste Kinotheater (Garncarz 2022). Statt der

Kinos wurden nun die Filme selbst beweglich und konnten über Verleih durch die Abspielorte zirkulieren (Paech/Paech 2000).

Bis 1905 gehörten in den USA weniger die Wanderkinos als vor allem die Vaudeville-Theater zur bedeutendsten Auswertungsstätte des Films (Paech/Paech 2000). Ihre ganz eigene Varieté-Ästhetik wirkte stilprägend für die Komik-Ästhetik der Stummfilm-Ära. Viele spätere Filmkomödienstars wie Buster Keaton, die Marx Brothers oder W.C. Fields hatten ihre Karriere zudem im Vaudeville begonnen. In Deutschland dominierte das Kino jedoch schon bald das Varieté. Aus vielen Volkstheatern und Kabaretts, die mangels Nachfrage geschlossen werden mussten, wurden behagliche ‹Kino-Theater› und erhielten wirtschaftlich neuen Aufschwung. Auch so manches feste Varieté nahm das Kino bis nach 1918 noch mit in sein Programm und peppte gern mit Wochenschauen seine Shows auf. Die Filmpioniere wiederum liebten das Sujet des Varietés in ihren Filmen. Das Varieté-Kino und das Kino-Varieté gingen vor allem in der Anfangszeit bis 1910 eine erfolgreiche Verbindung ein und zeigten eigens zugeschnittene Programme. Doch bald verlangten der fiktionale Langfilm und das Drama ihre eigenen Gesetzmäßigkeiten, Stars und Räumlichkeiten (Müller 1994). Und so setzte sich in den 1920er-Jahren schließlich das Kino-Theater als vorherrschender Kinotypus durch (Garncarz 2010). Die neue Filmgeschichtsschreibung blickt zu Recht nun stärker auf den kulturellen Kontext des Mediums Films, der zu seiner Akzeptanz geführt hat, so der Medienwissenschaftler Klaus Kreimeier (2011). Dessen *Siegener Wanderkino-Datenbank 1896–1926*, die gemeinsam mit Joseph Garncarz und anderen beteiligten Forscher:innen entstand, listet 500 Schausteller:innen an 6.000 Standorten in über 2.000 Städten (Girocard/Ross 2006) auf. Vorsichtig hochgerechnet hatten Wanderkinos damit allein im Jahr 1905 eine Reichweite von über 67 Millionen Besuchen in Deutschland (Garncarz 2010).

Die zahlreichen Wanderkinos, ob auf Jahrmärkten mit eigenen imposanten Zeltbauten oder als Gast in Ladenlokalen, Varietés und Sälen verfügten über ordentlich ‹Drive›, um Menschen

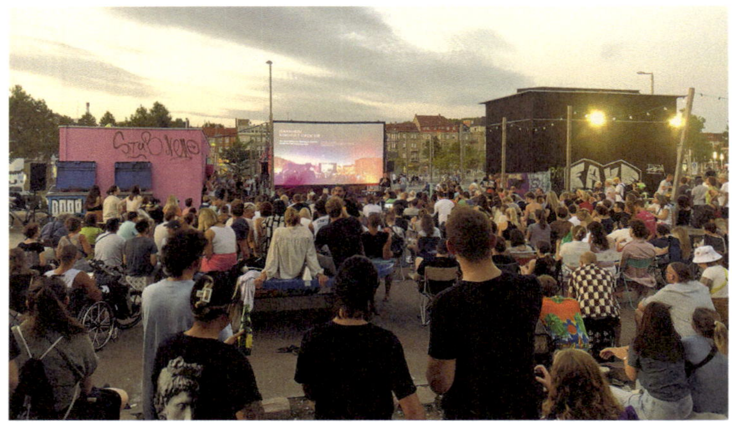

3 «Mannheim Kinokult Open-Air» 2023 auf der urban-bunten Aktionsfläche ALTER auf dem Alten Meßplatz in Mannheim

vor die Leinwand zu locken und neue Geschäftsmodelle zu entwickeln. Das ambulante Spezialitätentheater der Schausteller:innen gilt als wichtiger Wegbereiter für das Wanderkino. Das Wanderkino heizte wiederum mit seinem Motor die Etablierung des Kinos als Massenmedium für alle Alters- und Sozialschichten an. Auch Branchenfremde konnten sich seine agile kulturelle Praxis immer wieder aneignen und Filme dort zeigen, wo sie ihr Publikum direkt erreichten. Kreativität und Kapitalkraft der mobilen Kinomacher:innen und der Zuspruch des Publikums beförderten einander und dynamisierten die Entwicklung des Kinos, das eingebettet in die gesellschaftlichen, politischen und wirtschaftlichen Rahmenbedingungen war. Das geglückte Zusammenspiel führte zu dem, was heute in seiner Breitenwirkung sowohl in den Städten als auch auf dem Land insbesondere junge Menschen begeistert: dem Wanderkino als resiliente Urform des Kinos und der Lust am gemeinsamen Schauen – attraktiv im Programm und Komfort, flexibel in seinen Räumlichkeiten, direkt vor Ort verfügbar und damit seinen Preis in jedem Fall wert. Liegt die Zukunft des Kinos also etwa in seiner Vergangenheit?

2 Anarchie der Vagabunden

Über Filmschauspieler:innen und die Wanderbühne

Sie war mobil, flexibel, krisenerprobt und holte ihr Publikum direkt dort ab, wo es lebte: Die eigensinnige Theater-Wanderbühne prägte die Aufführungspraxis des frühen Kinos. Gleichzeitig feierten zu Corona-Zeiten zahlreiche Wanderbühnen und Wanderkinos gemeinsam ihr Comeback. Das fahrende Schauspiel-Volk, oft schief beäugt von den etablierten Häusern, sorgte auch immer wieder für handfeste Skandale im Filmgeschäft und zeugte damit gleichzeitig von der Doppelbödigkeit des Bürgertums: AFGRUNDEN (ABGRÜNDE, DK 1910), der Phänotyp der Wanderbühnen-Artisten-Dramen vom dänischen Film- und Theaterregisseur Urban Gad, wurde wegen des erotischen ‹Gaucho›-Tanzes von Asta Nielsen in Schweden zensiert und gleichzeitig zum großen Erfolg. Die anarchische «Ein-Mann-Wanderbühne» Klaus Kinski ging neben seinen Dreharbeiten selbst auf Tour und begeisterte trotz Publikumsbeschimpfungen mit seinen Lyrik-Rezitationen die Zuschauer. Kein Wunder, dass durch diese Verwobenheit ihrer vagabundierenden Protagonisten auch die Filmkunst von der freigeistigen Wanderbühne ebenso erfolgreich wie selbstkritisch mitgeprägt wurde. Theater und Film befruchteten sich schon immer gegenseitig. Der amerikanische Filmpionier D. W. Griffith begann seine Karriere als Schauspieler und reiste mit seiner Truppe quer durch die USA. Wie er standen auch viele der großen Autorenfilmer des 20. Jahrhunderts selbst einmal auf der Bühne und führten Theaterregie wie Federico Fellini, Ingmar Bergman, Robert Wiene oder Urban Gad. Diese Wanderbühnen- und Theater-Erfahrenen warfen in ihren Produktionen anhand des Motivs der Wanderbühne einen oftmals kritischen Blick auf soziale, politische und psychologische Konstellationen und gesellschaftliche Rollenmodelle, ohne dabei an Kritik am eigenen Film- und Theater-Metier zu sparen. Für regen künstlerischen Austausch sorgten dabei zahlreiche Schauspieler:innen, die ihre ersten Auftritte direkt auf Wanderbühnen absolvierten und später zum immer lukrativer werdenden Filmgeschäft wechselten: Ob in den USA beispielsweise Charlie «The Tramp» Chaplin, Clark Gable und Glenn Ford, in Schweden Britt Ekland, in Frankreich Gérard Depardieu und Jean-Claude Brialy oder in Deutschland Hans Albers, Hansjörg Felmy, Werner Krauß oder Lex Barker.

Auch der Ludwigshafener Schauspieler, Regisseur und Produzent Wilhelm Dieterle, der als William Dieterle in Hollywood Karriere machte, begann seine Laufbahn ähnlich wie sein erfahrener Kollege Werner Krauß mit einer «Wanderschmiere», wie ihn seine Biografin Marta Mierendorff (1993) zitiert. Hier eignete er sich nicht nur ein großes Rollenrepertoire an, sondern machte sich auch durch kräftiges Zupacken beim Kulissenumbau mit den Unwägbarkeiten der Wanderbühnenpraxis, vertraut. Ein Umstand, der ihm bei seiner Hauptrolle und zugleich frühen Regieassistenz in DAS WACHSFIGURENKABINETT von Paul Leni und Leo Birinski (D 1924), übrigens auch in einem expressionistische Wanderpanoptikum-Setting gedreht, zugutekam. Die Wanderbühne war jedoch seine große Liebe, sehnte sich Dieterle doch

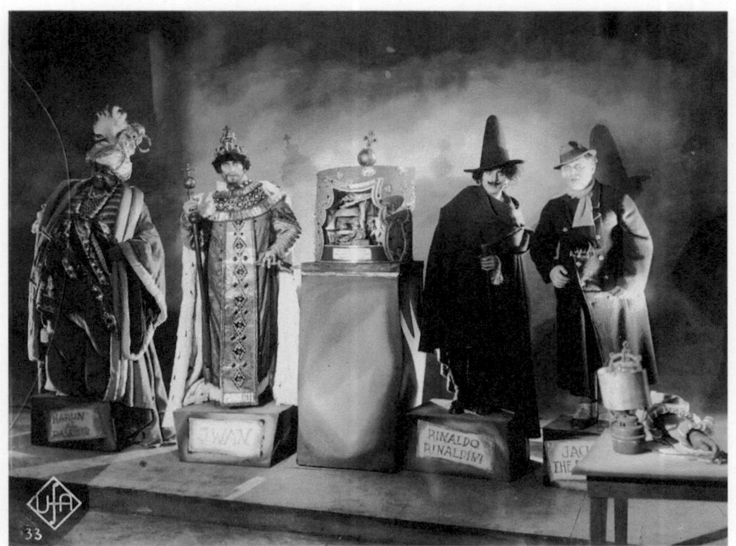

4 In einem Wanderpanoptikum gedreht, setzte das DAS WACHSFIGUREN-KABINETT auch auf wanderbühnenerfahrene Schauspieler wie Werner Krauß (rechts im Bild) und Wilhelm Dieterle

nach der Ursprünglichkeit des Theaters. Sie ließ ihn auch nach seiner Rückkehr aus Hollywood nicht los: Noch mit über 70 Jahren erwarb Dieterle 1967 schließlich selbst ein Tourneetheater, bis ihn gesundheitliche Schwäche und der Tod seiner Frau und Managerin Charlotte zur Aufgabe zwangen.

Doch zurück zu den Anfängen: Die Jahre 1910 und 1911 markierten die Wende zwischen dem Kino der Attraktionen mit seinen Kurzfilmen in ambulanten Filmvorführungen zu den nun erfolgreichen Melodramen mit eigenständigen Langfilmen in ortsfesten Lichtspielhäusern. Um das neue Medium weiter zu etablieren und das Image der Jugendkultur abzulegen, ahmte die schnell wachsende Kino- und Filmbranche nicht nur die äußere Hülle des Theaters und frühen Wanderkinos bei der Einrichtung der festen Abspielorte nach, sondern brachte darüber hinaus auch ihre Inhalte, Darstellung und die Erzählweise durch das Melodram in die Filme. Damit beginnt ebenso die filmkünstlerisch relevante Darstellung der Wanderbühne mit einem der erfolgreichsten Filme seiner Zeit zu Beginn der 1910er-Jahre: AFGRUNDEN von Urban Gad. Dieses Melodram über die Unvereinbarkeit von vagabundierenden Artisten und der streng geregelten bürgerlichen Welt steht geradezu symptomatisch für den Reibungsverlust, der durch den Übergang des ungezügelten Varieté- und Jahrmarkt-Kinos hin zur institutionalisierten Kinoindustrie des Bürgertums zu beobachten ist. Insbesondere in Deutschland entstand zu diesem Zeitpunkt ein Spannungsfeld, das bis heute pulsiert: Auf der einen Seite der ökonomische, politische und kulturelle Mainstream einer aufstrebenden Filmmaschinerie, auf der anderen der künstlerische Eigensinn des Films und seiner Protagonisten, wie es der Filmhistoriker Klaus Kreimeier (2011), der selbst als Filmemacher tätig war, treffend benennt.

Auch bei diesem qualitativen Anspruch an den Film spielte das Theater eine wichtige Rolle. Denn mit der steigenden künstlerischen Wahrnehmung des neuen Massenmediums, das nun deutlich an Reichweite, Länge und Qualität gewann, kamen auch die hochtalentierten Theaterkünstler:innen mit ihren Stoffen und Vorstellungen für diese noch junge Kunstform – so die dänische Schauspielerin Asta Nielsen, geboren 1881, die schnell zur Ikone der Stummfilmzeit avancierte, und ihr Partner und Regisseur Urban Gad. Nielsen schaffte es, Einfluss auf die Arbeitsprozesse in der Filmherstellung und die Entwicklung ihrer Darstellung und Kostüme zu nehmen. Trotzdem blieb sie dafür ohne ausreichende Würdigung in der Filmgeschichtsschreibung, wie es die Film-Philosophin Heide Schlüpmann (2000), Gründungsmitglied der Kinothek Asta Nielsen e. V. in Frankfurt, nicht müde wird, zu betonen. Mit ihrer starken Präsenz vor und hinter der Kamera stellte sich Asta Nielsen vorherrschenden Klischees von unterwürfiger und gesitteter Weiblichkeit entgegen. Selbst in armen Verhältnissen aufgewachsen und Mutter einer unehelichen Tochter, wehrte sie sich von Anfang an gegen

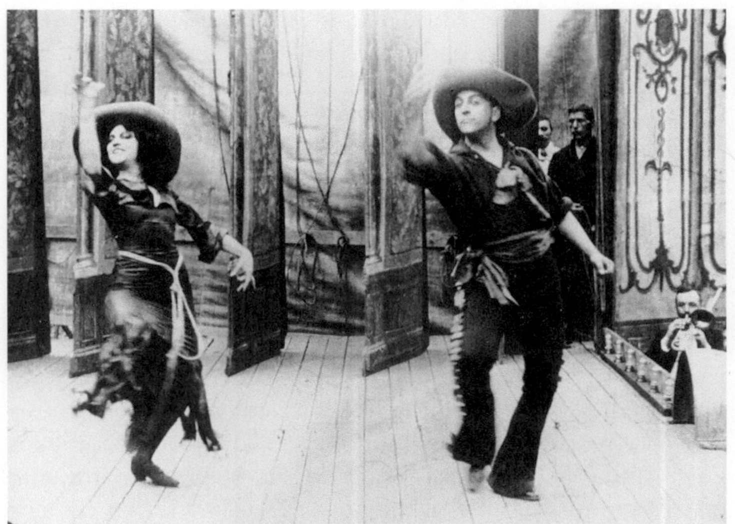

5 Asta Nielsens skandalöser Gaucho-Tanz in dem phänotypischen Wanderbühnen-Film AFGRUNDEN

eine Welt des schönen Scheins, um besonders Menschen am Rand der Gesellschaft ein Gesicht zu geben (Kreimeier 2011). Ihre anfangs verheimlichte Tochter Jesta lässt sie sogar als Schülerin in AFGRUNDEN auftreten.

So ist es auch nicht verwunderlich, dass ihr Filmdebüt und internationaler Durchbruch mit AFGRUNDEN, einem der allerersten Langfilme mit 37 Minuten Laufzeit, die Wanderbühne als zentrales Motiv hat. Darin verkörpert Asta Nielsen eindrucksvoll die Klavierlehrerin Magda, die dem Kunstreiter eines vorüberziehenden Zirkus hemmungslos verfällt. Er entführt sie zu Pferd aus dem Haus ihres Verlobten, eines Pfarrerssohns. Magda tritt fortan mit der Wandertruppe als Varieté-Tänzerin auf, bis sie ihren untreuen und gewalttätigen ‹Bad Boy› im Streit tötet. Ihr erotischer Gaucho-Tanz, bei dem sie den gefesselten Cowboy minutenlang in engem Kleid mit eindeutigen, sexuellen Posen umgarnt, wird nicht nur im Film kritisch von einem Gesetzeshüter am Rande der Bühne beäugt, sondern war auch in der Realität Grund für das Herausschneiden der Szene in Schweden. Wie so oft ist durch diese Zensur das unbenutzte konfiszierte Material am besten erhalten. Die Tanzszene wurde später für die Restauration herausgegeben und ist in der restaurierten Fassung des Dänischen Filminstituts online verfügbar.

Abgründe nimmt viele der erzählerischen Elemente späterer Wanderbühnen-Filme vorweg: das Eindringen der umherziehenden Artisten von der Straße in die bürgerliche Welt und ihre Herzen, die Verheißung des (erotischen) Abenteuers, Kampf um die persönliche Freiheit, das Ringen der Geschlechter und der Klassen, ihren Charme und ihre Scham bis hin zur öffentlichen Demütigung. Dazu kommt der Konflikt mit der Obrigkeit, aber auch der Voyeurismus des Publikums, das hier dem Niedergang von Magda in überhöhter Form beiwohnt. Das Private wird öffentlich und das Öffentliche privat und steht damit für eine frühe Selbstreflexion zur Rivalität und Selbstsucht unter den Künstler:innen selbst. Auch die ironische Brechung durch die Namen der Wanderbühnen in Filmen findet sich schon hier im «Zirkus Fortuna» und dem «Empire Varieté» wieder, die ihren Protagonisten in Afgrunden weder Glück noch Weltruhm bringen. Asta Nielsen hingegen wurde mit ihrer gebrochenen Frauenfigur und ihrer erotischen Darstellung mit diesem Film und weiteren sozialen Dramen zu einem der ersten europäischen Filmstars mit hohem Bekanntheitsgrad und eigenen Filmreihen, befördert durch besondere Werbekampagnen und Vermarktungssysteme auf dem internationalen Markt (Kasten 1999).

Wie man seine Popularität durch die Wanderbühne bis ins Äußerste steigern kann, zeigte der skandalträchtige wie geschäftstüchtige Mime Klaus Kinski. Sein Wirken steht für ein weiteres, wenn auch extremes Beispiel für das Ineinanderwirken von Wanderbühne, Schauspiel und Film. Geboren 1926 in der Nähe von Danzig, spielte Klaus Kinski bereits während seiner Internierung als Soldat im Zweiten Weltkrieg in einem britischen Gefangenenlager auf einer provisorischen Lagerbühne mit einem kleinen Ensemble. Trotz seines späteren Erfolgs als professioneller Schauspieler am Berliner Schlosspark Theater in den 1950er-Jahren unter der Intendanz von Boleslaw Barlog wurde sein Vertrag wegen eines gewalttätigen Ausbruchs aufgelöst. Missverstanden in seiner künstlerischen Persönlichkeit, wie sich Kinski durch die Kündigung fühlte, nannte er sich von nun an die «Ein-Mann-Wanderbühne» und rezitierte in den folgenden Jahren in Deutschland und Österreich – neben seinen zahlreichen Rollen in Edgar-Wallace-Filmen und Italowestern – in manisch-spektakulärer Weise Gedichte von Villon und Rimbaud bis hin zum Neuen Testament (Brockmeier 2017). In Hunderten von Auftritten in Kinos, Künstlerkneipen, Theatern, Stadthallen und sogar dem Berliner Sportpalast mit über 10.000 Plätzen brachte der Exzentriker Kinski über Jahre hinweg damit Millionen von Zuschauer in seinen Bann. Gefürchtet und gefeiert wurde er dabei sowohl von den Feuilletons als auch den Boulevardblättern, die sich zwar über diesen ungewohnten ‹Run› auf Lyrik wunderten, ihm jedoch gleichzeitig die große mediale Bühne öffneten. 1961 widmete ihm das Magazin *Der Spiegel* ein gleich neunseitiges Porträt unter dem Namen «Abende eines Fauns».

Der anarchische Geist dieses Wanderbühnen-Besessenen, der die Regeln des konventionellen Theaters und Films sprengte, nicht selten sein Publikum und Kollegen derb beschimpfte und bis heute als Mysterium und Monster zugleich in Erinnerung bleibt, findet sich wohl am ehesten in der von Werner Herzog verfilmten Tour de Force von FITZCARRALDO (D/PE 1982) wieder, einem musikversessenen irischen Kautschuk-Baron, der mitten im peruanischen Dschungel ein Opernhaus erbauen will. Um den Bau zu finanzieren, soll ein alter Flussdampfer Kautschuk aus einem unzugänglichen Teil des Dschungels transportieren, wozu das riesige Schiff zunächst über einen Berg gehievt werden muss. Das ganze Vorhaben endet im Desaster und das Wrack des Dampfers wird am Schluss von Fitzcarraldo, von Kinski so genial wie verstörend verkörpert, für eine einzige Opernvorstellung bespielt – die schwimmende Bühne im Fluss-

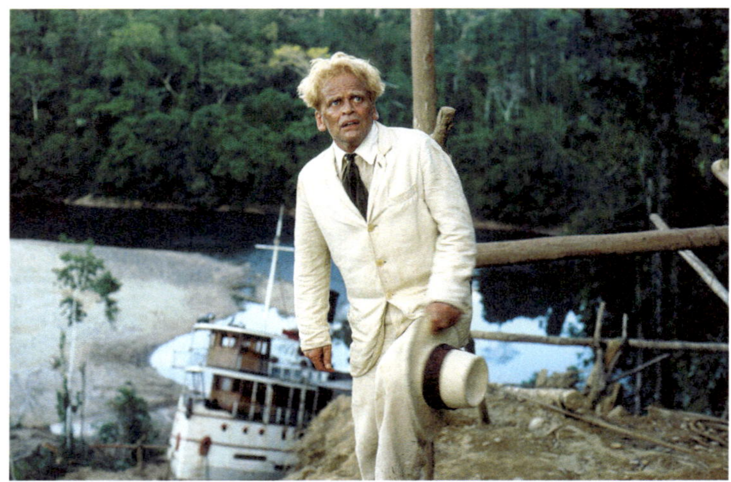

6 Gegenseitige Durchdringung im Dschungel: Die schwimmende Opernbühne und die «Ein-Mann-Wanderbühne» Klaus Kinski in FITZCARRALDO

bett, die Wanderoper im Dschungel als «dionysischer Carrus navalis» (Vogel 1966).

Ob Anarcho Kinski oder Ikone Nielsen: Es sind natürlich drastische Beispiele, wie Wanderbühne und Film insbesondere durch Darsteller:innen ineinander ranken, befördert von Autorenfilmern wie Urban Gad oder Werner Herzog, die solche künstlerischen Experimente ermöglichten. Sie zeigen trotzdem, wie Entschlossenheit und Mut gepaart mit einer Portion Extravaganz, Verrücktheit und ordentlich Biss in Verbindung mit einer ambulanten Aufführungspraxis nicht nur ganz nah an die Lebenswelten und Sehnsüchte des Publikums kommen konnten, sondern auch das Medium Film selbst künstlerisch im wahrsten Sinne über den Berg brachten. Was alles könnte ein solcher Wanderkarren heute für das Kino und den Film tun: Freudigen Einzug in die Städte und aufs Land erhalten, vollgepackt mit zugkräftigen Filmen, die der Gesellschaft aufs Maul schauen, nicht an Kritik am eigenen Metier sparen, verkörpert von Darsteller:innen, die auf Wanderschmiere waren und seither für ihre Profession wirklich brennen. Eine foucaultsche Heterotopie, wie sie die Wanderbühnenforscherin Esther Pramschiefer (2020) beschreibt. Ein freiheitsliebender Sehnsuchtsort des Kinos, der mit zeitlichen und räumlichen Strukturen bricht, sich autoritären Ordnungen entzieht, auf Institutionalisierung pfeift und damit sowohl zum Kern der historischen Wanderbühne als auch zum Herzen des zukünftigen Kino-Publikums vordringt.

3 Mit voller Wucht ins Publikum

Zum mobilen Genre des Wanderbühnenfilms (Teil 1)

Ob DAS CABINET DES DR. CALIGARI (D 1920) von Robert Wiene, THE MAN WHO LAUGHS (DER MANN DER LACHT, USA 1928) von Paul Leni oder FREAKS (USA 1932) von Tod Browning: Insbesondere die Schauergeschichten des frühen Horror- und Fantastischen Films schickten ihre Protagonisten mit Vorliebe immer wieder auf Wanderschaft, um sie, ausgestellt auf Jahrmärkten und in Panoptiken, ganz tief in menschliche Abgründe blicken zu lassen. Es sind wahrhaftige Meisterwerke der internationalen Filmgeschichte, die Lust auf ihre Wiederentdeckung machen und die Rückkehr zum Publikum künstlerisch wortwörtlich nehmen – internationale Wanderbühnen-Filme, die in allen Genres, Ländern und Jahrzehnten zu Hause sind. Viele von ihnen gelten nicht nur als künstlerische Höhepunkte des Filmschaffens, sondern bilden auch ein eigenes, sozusagen ‹mobiles› Genre. Diese ganz besonderen Filme können im Kino auch heute noch das bewirken, wofür sie einst standen: Auf Tuchfühlung mit dem Publikum zu gehen, weil sie ganz nahe an akute gesellschaftliche und zwischenmenschliche Konstellationen herankommen, in die sie mit ihren mobilen Bühnen, Akteuren und Geschichten mit voller Wucht einfahren.

Auch Autorenfilmer:innen widmeten sich der kleinen Wanderbühne und machten daraus große Sozial- und Melodramen, darunter AFGRUNDEN (ABGRÜNDE, DK 1910) von Urban Gad, DET SJUNDE INSEGLET (DAS SIEBENTE SIEGEL, S 1957) von Ingmar Bergman oder UKIGUSA (ABSCHIED IN DER DÄMMERUNG, J 1959) von Yasujirô Ozu. Das historisch tief verwurzelte Wandertheater traf einst auf die neuen technischen Möglichkeiten des Wanderkinos. Herauskam eine Wunderbühne, die mit ihren Bildern das Publikum begeisterte und auf staubigen Plätzen Anfang des letzten Jahrhunderts den Weg für die ersten festen Filmtheater ebnete. Der Zauber der mobilen Leinwandbühne umfing auch viele Filmkünstler:innen, die ihre Wanderbühnen-Erfahrungen filmisch in Szene setzten. Und schließlich wanderte die ambulante Bühne selbst in die Filme ein und eroberte sich ihren festen Platz unter den Schlüsselwerken, die vom frühen Stummfilm bis in die Gegenwart reichen.

Welchen prägenden Einfluss die filmisch erzählte Wanderbühne kulturell hat, zeigt sich beispielsweise im Begriff des Zampanò, der als Figur in LA STRADA (I 1954) von Federico Fellini in Italien seinen Ursprung hatte und heute als Begriff in den Alltagsgebrauch eingegangen ist. Sogar Michelangelo Antonioni rahmte Anfang und Ende seines Klassikers BLOWUP (BLOW UP, GB/I 1966) mit einer in London umherfahrenden Pantomimen-Wanderbühne in einem alten Jeep. Auch der moderne Film nimmt sich immer wieder des Themas an. So verneigt sich Terry Gilliam mit THE IMAGINARIUM OF DOCTOR PARNASSUS (DAS KABINETT DES DOKTOR PARNASSUS, GB/F/CDN 2009) vor der Magie des frühen Kinos und der Wanderbühne zugleich und transportiert seine Wunderbühne ins 21. Jahrhundert, Starbesetzung inklusive. Genauso macht es Disney auf der Suche nach den Wurzeln des legendären Zauberers Oz in OZ THE GREAT AND POWERFUL (DIE FANTASTISCHE WELT VON OZ, USA 2013) von Sam Raimi und katapultiert den feigen Magier von seinem prekären Alltag in eine fremdartige Zauberwelt hinein. Dort befreit seine ermutigende mobile Illusionsmaschinerie ein ganzes Volk von den bösen Mächten, während die Wanderbühne im Neo-Noir-Thriller NIGHTMARE ALLEY (USA 2021) von Guillermo del Toro bis zum Ende Brutstätte des Bösen bleibt.

Kino und Theater sind nicht mehr voneinander zu trennen, wenn es um die Wanderbühne im Film geht. Sie erschreckt mit ihren grotesk ausgestellten Gestalten in Horrorfilm-Klassikern ebenso wie in ihren Remakes. Sie verzaubert im magischen Realismus Erwachsene wie Kinder in Märchenfilmen. Sie läuft im klassischen wie absurden Drama zu theatralen Formen auf. Sie fesselt im Thriller wie im Melodram und weckt Gefühle in Komödien wie Tragikomödien. Sogar im Musical, in Musik- oder Varietéfilmen, im Puppenspiel und in Jugend- oder Heimatfilmen wird die Wanderbühne aufgeklappt, rollt durch Mantel- und Degenfilme und wird in Dokumentarfilmen näher begutachtet. Und am Ende ist sie selbst in Underground- und Experimentalfilmen mit Porno-Elementen wie in ŽIVOT I SMRT PORNO BANDE (LEBEN UND TOD EINER PORNOBANDE, SRB 2009) von Mladen Djordjevic zu finden. Ob als Leitmotiv oder Schlüsselmoment – es ist eine inhaltlich, dramaturgisch und ästhetisch reiche Werkschau der Filmgeschichte, die hier zusammenkommt, je nachdem, wie weit man den Begriff der Wanderbühne für die unterschiedlichen Kunst- und Schausteller:innen-Sparten öffnet.

Dabei gibt es nicht ‹den› Wanderbühnen-Film. Vielmehr durchquert dieses ‹mobile› Genre in seiner ganzen Vielfalt die unterschiedlichsten Filmgattungen und reicht dabei vom Star-Kino bis zum Independent-Film. Das Thema ufert oft über das rein darstellende Spiel auf der umherziehenden Bühne aus. Immer wieder wird auch das Motiv des Zirkus, des Varietés oder des Kuriositäten-Kabinetts gestreift, was in Hinblick auf die tiefe Verwurzelung des Kinos im ambulanten Unterhaltungsbetrieb des 19. Jahrhunderts nicht verwunderlich ist. Doch lässt sich über diese Vielfalt der individuellen Filme hinaus eine kollektive Wanderbühnen-Erzählung erkennen, die uns beim Diskurs um die Zukunft des Kinos und der Filmkunst weiterbringen? Gibt es narrative Grundmuster und kulturelle Codes in der Darstellung der Wanderbühne, die sich auf spezifische gesellschaftliche Konstellationen beziehen und damit ihre Wirkmacht erst voll entfalten? Für eine Annäherung an diese Fragen bieten sich insbesondere die erzählerischen Schlüsselelemente an, die sich anhand der Hauptwerke in den verschiedenen Genres identifizieren lassen und Anregung zu einer dezidierten Auseinandersetzung geben sollen.

Das Motiv der Erotik und Demütigung

Den roten Faden in den Sozialdramen, Melodramen und dem frühen Horror- und Fantastischen Film mit seinen späteren Remakes und Verneigungen bildet zweifellos das Element der Erotik und Demütigung – ein Motiv, das bereits Ingmar Bergman für seinen Film GYCKLARNAS AFTON (ABEND DER GAUKLER, S 1953) als zentral ansah (Bergman 1991). Wie schon im ‹Ur-Wanderbühnenfilm› AFGRUNDEN angelegt, wirken die Filme oftmals wie eine Parabel von Menschen, die an der Liebe scheitern. Sie leben am Rand und zugleich mitten in der Gesellschaft, in die sie mit ihrer umherziehenden Bühne geraten, meist in purer Armut.

Im Mittelpunkt stehen vielfach erotische und in gleichem Maße quälende Liebeskonstellationen zwischen Frau und Mann, die sich entweder innerhalb des Ensembles oder in Verquickung mit Außenstehenden entfalten. Eine oder einer von ihnen steht meist für das ‹bessere› oder bürgerliche Leben und setzt das Ringen um persönliche Erfüllung der Entwurzelten in Gang. Oftmals sind es Kammerspiele in der knarrenden Koje, die sich in zahlreichen Filmen wiederfinden, wie in VARIETÉ (D 1925) von

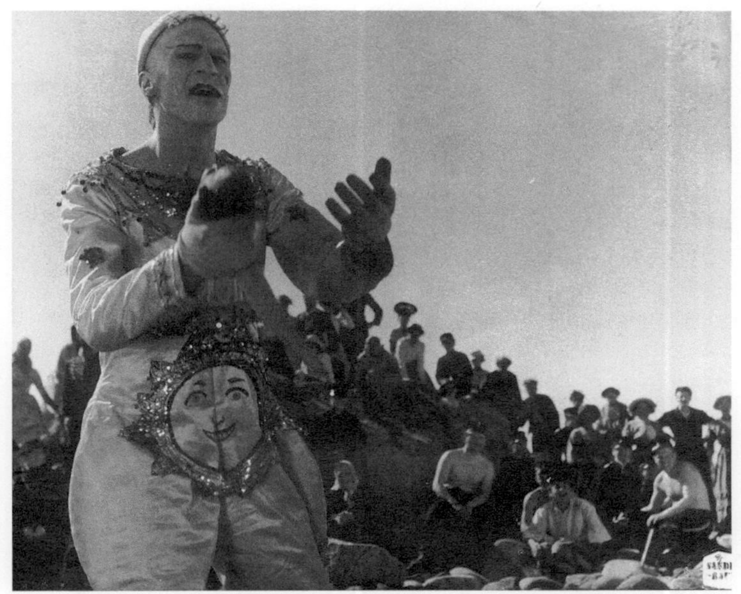

7 Zum Narren gemacht: Erotik und Demütigung sind ein zentrales Motiv in Wanderbühnen-Filmen wie GYCKLARNAS AFTON

Ewald André Dupont zwischen dem heruntergekommenen Reeperbahn-Besitzer Holler (Emil Jannings) und der jungen Waisen Berta-Marie (Lya de Putti), für die er Frau und Kind verlässt, bis sie ihn mit einem Artisten aus dem Wintergarten-Varieté öffentlich vorführt und er aus Eifersucht zum Mörder wird. Oder in UKIKUSA MONOGATARI (DER WANDERSCHAUSPIELER, J 1934) von Yasujirô Ozu und seinem gefeierten Remake UKIGUSA (ABSCHIED IN DER DÄMMERUNG, J 1959), in denen die Geliebte des Direktors eines ärmlichen umherziehenden Kabuki-Ensembles aus Rache um seinen verheimlichten Sohn mit einer ‹Bürgerlichen› diesen mit ihrer hübschen Schauspiel-Kollegin verkuppelt, um ihm das Herz zu brechen.

Besonders berührend gestaltet sich die Beziehung in FREAKS von Tod Browning, der zu Unrecht als Horrorfilm deklariert und damit lange um seine Bedeutung als vielfach zitierter Outsider-, diverser und inklusiver Film gebracht wurde, weil er authentische Einblicke in das Leben von Menschen mit körperlichen und geistigen Behinderungen gibt. Hier ist es der kleinwüchsige Hans (Harry Earles), der im Kuriositäten-Kabinett auftritt und sein Herz an die hintertriebene Tänzerin Cleopatra (Olga Baclanova) verliert. Seine Braut gibt ihn bei ihrer Hochzeit jedoch vor dem Ensemble der Lächerlichkeit preis und will ihn anschließend ermorden, um sich zu bereichern. Wie Hans und Cleopatra in FREAKS sind viele Figuren dabei voneinander emotional und materiell abhängig, so auch in Federico Fellinis LA STRADA die kindlich-naive Gelsomina (Giulietta Masina) und der grobschlächtige, kettensprengende Schausteller Zampanò (Anthony Quinn), an den sie von ihrer Mutter verkauft wird. Oder der erfolglose Zirkusdirektor Albert (Åke Grönberg) und seine junge Frau Anne (Harriet Andersson) in GYCKLARNAS AFTON, bei dem sich Ingmar Bergman von VARIETÉ inspirieren ließ. Beide Hauptdarstellerinnen lebten übrigens auch real mit den jeweiligen Regisseuren zusammen; Bergman wies explizit auf die autobiografische Komponente hin, die in das Drehbuch eingeflossen sei (Bergman 2018).

Es ist immer wieder diese Verschmelzung von Privatem und Öffentlichem, vom Sehen und Gesehenwerden – auch mittels solcher autobiografischen Bezüge –, die Einzug in die Geschichten erhält. In der Eröffnungsszene von GYCKLARNAS AFTON wird der Pierrot Frost (Anders Ek) von seiner Frau Alma (Gudrun Brost), die gleich mit einem ganzen Regiment von Soldaten nackt im Meer poussiert, in grotesker Übertreibung buchstäblich zum Narren gemacht. Der Wanderbühnenfilm spart dabei nicht an der Überzeichnung des Publikums und der Kolleg:innen als drängender Mob, welcher der Bühne räumlich wie emotional ganz nahekommt und die nicht enden wollenden Demütigungen befeuert. Die Hierarchie und Hackordnung der Schaustellenden untereinander sind dabei Antrieb der Geschichte: Der eine blickt in den sauberen Garderobenspiegel, der andere in die schmutzige Pfütze, wie es in GYCKLARNAS AFTON dramatisch in Szene gesetzt wird. In THE MATINÉE IDOL (USA 1928), einem frühen Stummfilm von Frank Capra, wird das Thema sogar humoristisch interpretiert. Hier verkörpert Don (Johnnie Walker) einen ‹Blackface›-Star am Broadway, der durch sein schwarz geschminktes Gesicht mit der ahnungslosen Ginger (Bessie Love) und ihrer Provinzschauspieler-Truppe sein Liebes-Doppelspiel, natürlich in aller Öffentlichkeit, treibt.

Das Motiv des Menschen als Monster

In den grotesken Kammerspielen des Horrorfilms fokussiert die Wanderbühne wiederum stärker auf die gesellschaftlichen Außenseiter mit ihren deformierten Körpern, die sie vor und hinter der Bühne ins grelle Licht setzt. Es ist der Mensch als Monster,

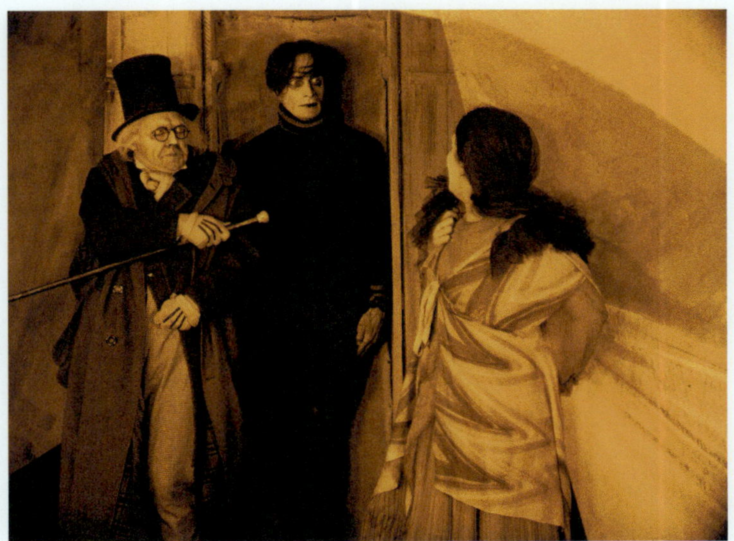

8 Vermeintliche Monster auf, hinter und vor der Bühne werden wie in DAS CABINET DES DR. CALIGARI bis hin zur Groteske in Szene gesetzt

der hier in all seinen Facetten verhandelt wird. Die Erzählung changiert zwischen den vermeintlichen Ungeheuern auf der Bühne, ihren (Zur-)Schausteller:innen und dem monströsen Publikum, das aus den Vorgeführten erst die Monster macht. Dieser zentrale Topos findet sich schon früh in dem einflussreichen expressionistischen Film DAS CABINET DES DR. CALIGARI von Robert Wiene, in dem Dr. Caligari (Werner Krauß) den Somnambulen Césare (Conrad Veidt) in seiner Totenstarre tagsüber auf dem Jahrmarkt ausstellt und nachts auf den Straßen morden lässt. Von THE MAN WHO LAUGHS von Paul Leni – der Verfilmung des gleichnamigen Romans von Victor Hugo und eine Inspiration für die Figur des «Jokers» – über FREAKS bis hin zu THE ELEPHANT MAN (DER ELEFANTENMENSCH, USA 1980 von David Lynch zeigt sich die düstere Seite der umherziehenden Freakshow, die andersartige Menschen missbraucht, betrieben von skrupellosen Besitzern und begafft von geifernden Zuschauern.

Zweifellos ist dies eine noch immer höchst aktuelle Metapher für manch entmenschlichendes Spiel der Sensationen im Theater-, Show- und Filmgeschäft und in der Liebe, die sich auch jüngst bei NIGHTMARE ALLEY von Guillermo del Toro wiederfindet: der gebrochene Stan (Bradley Cooper), der am Ende als irrer «Geek» lebendige Hühner verspeist. Es ist eine Reminiszenz an die böse Cleopatra aus FREAKS, die geteert und gefedert sowie ihrer einst verführerischen Gliedmaßen beraubt, als quasi dumme Gans ihr restliches Dasein in der Höllen-Show fristen muss. Und wieder ist es die Wanderbühne mit ihrer eigenen Hackordnung – und das im wortwörtlichen Sinn. Auf die Hörner nimmt dies BLANCANIEVES (EIN MÄRCHEN VON SCHWARZ UND WEISS, F/E 2012) von Pablo Berger, in dem die öffentlich verehrte Stierkämpferin Schneewittchen ihren Kampf in der Arena gegen einen Stier verliert und in einem Panoptikum von zahlenden Verehrern aus dem Koma vermeintlich zum Leben wach geküsst werden kann. Doch der Schein trügt, denn ihre allabendliche Auferstehung geschieht nur künstlich über eine hochfahrbare Bahre, durch die sie ihre Augen öffnet – Unsterblichkeit und

Starruhm als öffentliche Zwangsprostitution, oder wie es Victor Hugo in *L'homme qui rit* ausdrückt: «C'est de l'enfer des pauvres qu'est fait le paradis des riches»: das Paradies der Reichen ist aus der Hölle der Armen gemacht. Aktueller könnte das Thema mit Blick auf Social Media und das Fernsehen, die sich dem Eskapismus zwischen obszönem Starkult und Dschungelcamp verschrieben haben, nicht sein. Das Kino jedenfalls ist damit nicht totzukriegen. Und das liegt auch an der hohen Qualität und Selbstreflexion dieser unvergessenen Wanderbühnenfilme.

4 Spielen, spielen um jeden Preis

Zum mobilen Genre des Wanderbühnenfilms (Teil 2)

Bei der Wanderbühne gilt seit jeher, was auch immer schon Durchhalteparole für das Kino war: In der Welt zu Hause und allen Widrigkeiten zum Trotz! Neben der dunklen Gesellschafts- und Eigenkritik setzen vor allem der poetische und magische Realismus, das Märchen- und Mysterienspiel, das absurde Drama oder die Abenteuerfilme mit tröstenden und verzaubernden Momenten die ambulanten Bühnen in Szene. Ein phänotypischer Film wie THE IMAGINARIUM OF DOCTOR PARNASSUS von Terry Gilliam transformiert dabei die Wanderbühne zur Wunderbühne, die zu den ureigenen Fragen nach dem Sinn des Lebens und dem Streben des Menschen vordringt und damit zur idealisierenden Metapher für das Kinoerlebnis schlechthin wird.

Die enge Verwobenheit der Aufführungspraxis der Wanderbühne mit der des Wanderkinos, ihren Schauspieler:innen und ihren erzählten Geschichten im Film haben das hervorgebracht, was einer Kunstform allein nicht gelingt: Eine hybride Erlebniswelt zu erschaffen, die sich zwischen den etablierten Polen der sesshaften Kinos und der Stadttheater spannungsvoll entfaltet. Sowohl in den Drehbüchern als auch in der Realität kommen diese agilen Wanderbühnen genau dorthin, wo sich ihr Publikum befindet. Die mobile Bühne sorgt für unmittelbaren künstlerischen Austausch und den Blick auf das ‹Dazwischen›. Ihre Perspektive auf unsere Gesellschaft ist von Direktheit und Authentizität geprägt, allen Krisen und Wetterlagen zum Trotz. Die ambulanten Bühnen und Akteure schaffen es dabei, mit ihren Botschaften ganz nah an die Menschen heranzukommen, sei es räumlich oder emotional, sei es als Beobachter oder als Beobachtete, sei es real oder auf der Leinwand. Und hier lohnt ein weiterer Blick auf den Wanderbühnen-Film und seine verbindenden Motive, die quer durch die Genres Lust auf bewegtes wie bewegendes Kino machen und im zweiten Teil weiter beleuchtet werden:

Das Motiv der Wanderbühne als Wunderbühne

Ästhetisch erinnern die Filme des magischen Realismus an die fantastischen Bildexperimente der Kinovorläufer Mitte des 19. Jahrhunderts sowie die frühen Feen- und Zaubereifilme von Georges Méliès und Alice Guy-Blaché im Übergang zum 20. Jahrhundert. In den Filmen von Terry Gilliam wie THE IMAGINARIUM OF DOCTOR PARNASSUS oder auch THE ADVENTURES OF BARON MUNCHHAUSEN (DIE ABENTEUER DES BARON MÜNCHHAUSEN, GB/USA/E/BRD 1988) wird geradezu ein Feuerwerk an Farben, Kostümen und Ausstattung abgefeuert, um das Publikum auf Fantasiereise zu schicken. In THE IMAGINARIUM OF DOCTOR PARNASSUS ist es das Dionysisch-Rauschhafte, das vom antiquierten Bühnen-

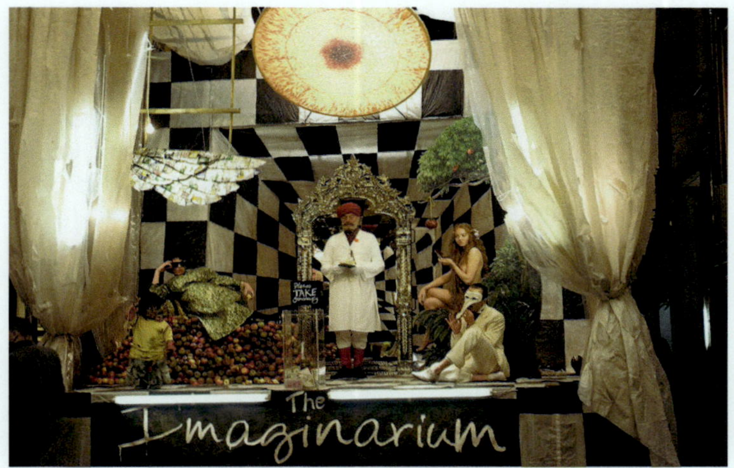

9 Zerrspiegel der innersten Wünsche: Die schicksalhafte Wunderbühne in THE IMAGINARIUM OF DOCTOR PARNASSUS

Wagen ausgeht. Sobald das Publikum den (Zerr-)Spiegel in der Kulisse durchquert, verliert es sein Gesicht, gerät in orgiastische Verzückung oder explodiert sogar, weil es sich mit seinen innersten Wünschen und (Alb-)Träumen begegnet.

«Was wir tun, ist todernst», sagt Dr. Parnassus, der 1.000 Jahre alt ist. Die Wanderbühne hat ihre eigene Wirklichkeit, ihr eigenes System, ihren eigenen Organismus. Nicht umsonst ist bei Parnassus die fahrende Bühne eine voll automatisierte Einheit, wie eine Burg mit Zugbrücke ausgestattet und zusammenklappbar wie eine Auster. Denn die wehrhafte Wanderbühne unterliegt ihren eigenen Gesetzen – eine Heterotopie, jenseits von Raum und Zeit, frei von Regeln der Obrigkeiten und stark gegen Feinde wie in OZ THE GREAT AND POWERFUL von Sam Raimi, in dem der vermeintliche Zauberer Oz sein Königreich durch seine übermenschlichen Projektionen von Hexen befreit und unsterblich wird. Das Ensemble besteht meist aus der eigenen Familie oder wird zu ihrem schicksalhaften Ersatz mit ähnlich starker Bindung. Inszeniert wird vielfach eine resiliente Truppe, die am

Ende als Sieger hervorgeht wie in FREAKS von Tod Browning, wenn die durchtriebene Cleopatra unter «ungeklärten Umständen» selbst als Freak im Panoptikum landet. Auffällig oft gibt es dabei eine dominante ältere Vaterfigur, die Chef der Wanderbühne ist. Ob in einer realen Vater-Tochter-Beziehung wie in IMAGINARIUM OF DOCTOR PARNASSUS, THE MATINÉE IDOL oder dem Schweizer Heimatfilm MENSCHEN, DIE VORÜBERZIEHEN (CH 1942) von Max Haufler. Oder als väterlicher (scheiternder) Liebhaber wie in LA STRADA, VARIETÉ, GYCKLARNAS AFTON oder UKIGUSA – der Direktor und das Drama gehen Hand in Hand.

Das Motiv der (Zu-)Flucht und des Flüchtigen

Die Wanderbühne fungiert zudem signifikant oft als Rückzugsort vor Krieg und Konflikten für gesellschaftlich Verfolgte und Andersartige, denen das Ensemble mit seinen Masken rettenden Unterschlupf bietet und sie emotional auffängt. Doch nie für lange: Denn das Flüchtige in der Beziehung zu den Menschen, denen die Schausteller:innen begegnen, bevor sie wieder zu unbekanntem Ziel aufbrechen, kennzeichnet ebenso viele der Wanderbühnen-Filme. In DET SJUNDE INSEGLET spielt Ritter Block (Max von Sydow) mit dem Tod Schach und sucht dabei Zuflucht vor der grassierenden Pest auf dem Pferdewagen der Wanderschausteller:innen Jof (Nils Poppe) und Mia (Bibi Andersson), bei denen er bei wilden Erdbeeren und Milch ein letztes Mal das Leben in sich spürt. Der Tod (Bengt Ekerot) holt am Ende in einem ikonischen Prozessionen-Tanz die Todgeweihten zu sich und lässt nur die junge Schausteller:innenfamilie als Verkörperung von Maria und Josef mit ihrem Sohn und ihrer Kutsche in den Sonnenaufgang ziehen.

Besonders die Kinder und jungen Menschen symbolisieren im Ensemble als stille Beobachter die Heilung und Unsterblichkeit,

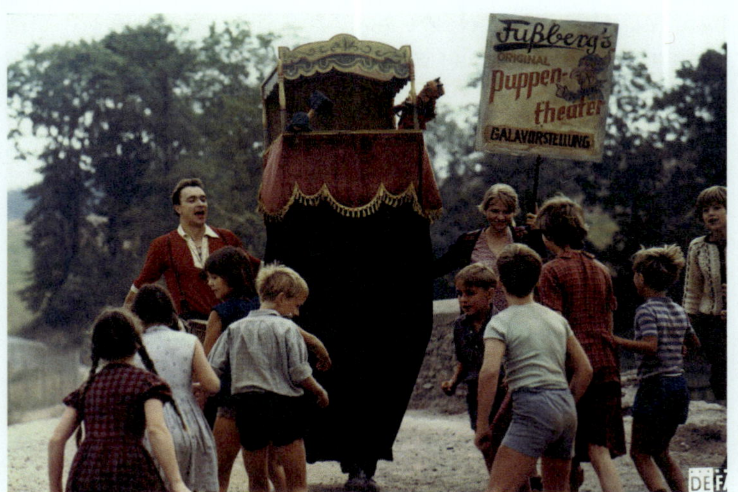

10 Nicht nur jungen Menschen bietet die flüchtige Wanderbühne wie in FARIAHO familienähnliche Zuflucht

die eng an das Reich der Fantasie geknüpft sind. Sie lassen an das junge Publikum der ersten Wanderkinos erinnern, die das Medium erst groß machten. Die Wanderbühne wird zum psychologischen Traumspiel gegen das Trauma ihrer Generation. In dem tschechischen Jugendfilm NECHCI NIC SLYSET (ICH WILL NICHTS HÖREN, CSSR 1978) von Ota Koval findet ein Junge durch eine studentische Wanderbühnen-Truppe seine Sprache wieder, die er nach dem tödlichen Autounfall seiner Eltern verloren zu haben scheint. Das gleiche Motiv des traumatisierten Kindes greift ganz aktuell auch die tschechische Groteske A SENSITIVE PERSON (CZ/SK 2023) von Tomáš Klein auf, die auf dem Roman *Ein empfindsamer Mensch* von Jáchym Topol beruht. Hier erfährt der ebenfalls stumme Sohn eines heruntergekommenen Wanderschauspielers auf einer surrealen Tour de Force durch ein gewaltsames Land zusammen mit seinem Vater Katharsis. Auch im DEFA-Film FARIAHO (DDR 1983) von Roland Gräf kämpft ein alternder fahrender Puppenspieler gegen sein Trauma nach dem Mord seines Spielpartners durch die Nazis. Die prekäre, auch in der DDR ungeliebte Puppenspiel-Tour gerät zur erfolgreichen Sinnsuche des verbitterten Individualisten und der zwei jungen Puppenspieler, die sich ihm anschließen, und am Ende ihren jeweils eigenen Weg in die Welt finden.

Romantisch und grenzüberschreitend wird die Wanderbühne wiederum, wenn sie Erkenntnis und Wahrheit in Natur und Wald sucht wie in dem von Tom Stoppard 1967 geschriebenen und 1990 von ihm verfilmten absurden Drama ROSENCRANTZ AND GUILDENSTERN ARE DEAD (ROSENKRANZ & GÜLDENSTERN, GB/USA 1990). Die Wanderbühnen-Welt gerät zum absurden Theater und zur elisabethanischen Tragödie zugleich. Das Genre findet in dieser Form zu ganz neuen Perspektiven, weil Dramatiker:innen ihre Wanderbühnen-Geschichte selbst reflektieren oder kunstvoll reflektiert werden wie in MOLIÈRE (I/F 1978) von Ariane Mnouchkine: Spielen, spielen um jeden Preis, auch wenn die Bühne im Sturm bis kurz vor den Abgrund fliegt. Besonders die komödiantische Maske der Commedia dell'arte bietet den Held:innen der Abenteuer- und Historienfilme Schutz auf dem Karnevalskarren, von dem aus sie die vornehmen Bühnen der Adelshäuser entern. So wird der Klassenkampf in dem Mantel- und Degenfilm SCARAMOUCHE (USA 1923) von Rex Ingram und dem Technicolor-Remake (1952) von George Sidney vor dem Hintergrund der Französischen Revolution ausgefochten. Wie in SCARAMOUCHE schließt sich auch in der vielfach verfilmten Geschichte *Le Capitaine Fracasse* von dem Romancier Théophile Gautier aus dem 19. Jahrhundert ein Edelmann einer Wanderbühne an und erkämpft sich mit seinem neuen titelgebenden Bühnennamen ein Stück Klassengerechtigkeit. Und mit dem großen Kampf kommt auch die große Liebe ins Spiel, bei Fracasse verkörpert durch Isabella, die Tugendhafte unter den Figuren der Commedia dell'arte.

In LA CARROZZA D'ORO (DIE GOLDENE KAROSSE, I/F 1952) von Jean Renoir gerät die Wanderbühne sogar zur goldenen Kutsche und Symbol für den Traum vom sorglosen höfischen Leben, gegen das sich die fahrende Komödiantin Camilla (Anna Magnani) am Ende zugunsten ihres freien Künstlerlebens entscheidet: «Die Welt ist unser Heim, lasst uns weiterziehen.» Ähnlich wie in IL VIAGGIO DI CAPITAN FRACASSA (DIE REISE DES CAPITAN FRACASSA, I/F 1990) von Ettore Scola ist es auch hier ein ästhetisches Spiel mit dem gesellschaftspolitischen Ernst, bei dem die Illusion mehrfach gebrochen und die Bühne als Bühne offensichtlich wird. König, Kirche und Krieg sind wirkmächtige institutionalisierte Inszenierungen, gegen die auch das Theater nicht anspielen kann und die ein wiederkehrendes Thema in vielen Filmen bilden. Was meist bleibt, ist die Flucht aus dem goldenen Käfig.

Diese nicht einlösbare Utopie des Friedens auf der Bühne der Vertriebenen treibt Theodoros Angelopoulos in O THIASOS (DIE WANDERSCHAUSPIELER, GR 1975) auf die Spitze. Anhand einer durch Raum und Zeit wandernden Schauspieltruppe verhandelt er in einer vierstündigen Versuchsanordnung die eigene Positionierung gegenüber der Dysfunktionalität der griechischen Gesellschaft, ihren Traumata und ihrer Verantwortung im Zweiten Weltkrieg gegenüber Selbstjustiz, politischen Verbrechen oder Vergewaltigung. In ŽIVOT I SMRT PORNO BANDE (LEBEN UND TOD EINER PORNOBANDE, SRB 2009) von Mladen Djordjevic entblößt sich dieses schwierige Verhältnis von Kunst und Krieg und wird zur nackten Wahrheit auf dem Land, durch das das «erste serbische Porno-Kabarett» mit seinen Outsidern tourt. Ihr dargebotener riesenhafter Phallus wird zum Symbol für einen orgiastischen Dionysoskult. Erotik und Demütigung werden hochstilisiert zur Perversion und Bigotterie einer kriegsgebeutelten, animalischen Bevölkerung, die ihren sexuellen Höhepunkt bis zum Tabubruch des Tötens treibt. Leicht und humorvoll interpretieren hingegen viele Musicals, Musikfilme und Komödien das Genre. Denn auch hier gehören Wanderbühnen-Filme zu den Höhepunkten ihrer Gattung wie beispielsweise die revolutionäre Westernkomödie VIVA MARIA! (F/I 1965) von Louis Malle, der flüchtige Liebesreigen in LES DEMOISELLES DE ROCHEFORT (DIE MÄDCHEN VON ROCHEFORT, F 1967) von Jacques Demy, das poetische Puppenspiel in LILI (USA 1953) von Charles Walters oder die Dragqueen-Tour in THE ADVENTURES OF PRISCILLA, QUEEN OF THE DESERT (PRISCILLA – KÖNIGIN DER WÜSTE, AUS 1994) von Stephan Elliott. Denn die Wanderbühne im Film mobilisiert sogar die Road-Movies.

Die bewegte Kino- und Filmgeschichte hat die bewegende kleine Wanderbühne auf Leinwand richtig groß gemacht. Und umgekehrt liefert die jahrhundertealte Tradition der nationalen und internationalen Wanderbühnen und -truppen wiederum eine Steilvorlage für ihre Interpretation in Drehbüchern, Szenenbild und Kameraeinstellungen, in Regie, Schauspiel und Kostümbildern. Und auch in der Kinogeschichte bleibt die Begegnung vom Wanderkino mit den Künstler:innen der Theaterwanderbühne weiterhin lebendig. In BÁJEČNÍ MUŽI S KLIKOU (DIE WUNDERBAREN MÄNNER MIT DER KURBEL, CSSR 1978) von Jiří Menzel, THE PICTURE SHOW MAN (WANDERKINO PYM, AUS 1977) von John Powers oder DIE SERPENTINTÄNZERIN, D/HU 1991/1992) von Helmut Herbst sind Filmvorführung und Schauspiel in Symbiose und Nostalgie vereint und wippen gemeinsam auf dem Pferdewagen Richtung Jahrmarkt zur Wiege des Kinos. Ob solche Nostalgie gegenüber der Kinogeschichte, Erotik und Demütigung in der Liebe, Monster und ihr monströses Publikum auf den öffentlichen Bühnen, das Wundersame der Bilder-Magie oder die akute Zuflucht und das gleichzeitig so Flüchtige der Gemeinschaft – der Wanderbühnen-Film hat es geschafft, seine spezifischen Botschaften des Um- oder Aufbruchs durch die Jahrzehnte hinweg immer wieder zeitgemäß zu verpacken. Es sind hoch emotionalisierende Filme, die dabei ganz viel über die Wirkmacht der projizierten Bilder und das Kino selbst erzählen. Ihre Wiederentdeckung gehört dringend auf die Leinwände von heute – egal, ob sie fest in Filmkunsttheatern installiert oder Open-Air auf Plätzen, in Zelten oder Hinterhöfen mobil aufgestellt werden. Spielen, spielen um jeden Preis!

5 Das Comeback des Wanderkinos

Das Erstarken des mobilen Kinos nach der Corona-Pandemie

Was ist das Wanderkino heute und was war es in seiner jüngsten Vergangenheit? Zunächst scheint es wie ein großer Mythos, der das zeitgenössische Wanderkino in Deutschland umfängt. Bei den Recherchen zu dieser Reihe waren es auffällig viele ältere Herren, die plötzlich mit leuchtenden Augen und tiefen Tabak-Stimmen begannen, von ihren früheren Kinoabenden als Vorführer in zugigen Scheunen und auf Dorfplätzen, in Uni-Aulas und Volkshochschulen, in verrauchten Kneipen und schummrigen Hinterhöfen zu erzählen. Vom Kampf um öffentliche Förderung und institutionelle Anerkennung. Vom Kinosterben um sie herum und der eigenen Hartnäckigkeit, als mobile Einheit zu überleben. Die Frage nach schriftlichen Quellen verhallte im Zuge begeisterter Anekdoten rund um die Filmaufführung, kleinteiliger Ortsbeschreibungen oder einem schlichten Kopfschütteln. Nein, in ihren Dorfkinos, Ladenkinos, Uni-Kinos, den Kneipen-, Underground- und Hinterhofkinos wurde der Filmprojektor einfach aufgebaut, ohne dass dies großartig in die Annalen der Stadt- und Uni-Archive eingegangen wäre. Oftmals waren diese noch heimatlos vagabundierenden Kinos Auftakt zur Gründung von Kommunalen Kinos in den 1970er-Jahren, nach langem Kampf insbesondere befördert durch den damaligen Frankfurter Kulturdezernenten Hilmar Hoffmann. Kultur für alle und vor allem: Kino für alle, das war das Ziel. Der Blick zurück lohnte dann auch nicht mehr. Wanderkino schaut nach vorn auf die Leinwand und nicht zurück.

Ebenso verhält es sich mit der Forschung zu ambulanten Formen des Kinos. Auch wenn die Filmwissenschaft versucht, das Wanderkino zu fassen zu bekommen, entzog sich diese wahr- wie wehrhafte Form des Kinos von Beginn an der Kontrolle. Eine Komplettaufzeichnung der Geschichte der Wanderkinos? Ein hoffnungsloser Versuch, wie der Medienwissenschaftler Martin Loiperdinger (2008) auch nach einem quellenergiebigen Kongress zum europäischen Wanderkino einräumte. Doch es hat dennoch gewaltige und durchaus sichtbare Spuren hinterlassen: Die Theater- und Kinowanderbühnen von gestern waren Motor für die Gründung fester Filmtheater und die Akzeptanz des neuen Mediums. Die skandalumwitternden Filmerfolge ihrer Künstler:innen zogen Millionen von Menschen in Bann und die Highlights des Wanderbühnen-Films mobilisieren noch heute die Filmgeschichte. Was also ist das Geheimnis ihrer Überlebens- und Anpassungsfähigkeit im Blick auf das Kino der Zukunft, feiert das Wanderkino doch gerade sein großes Comeback?

Dass Wanderkinos als Teil der sogenannten ‹Kinosonderformen› das Arthouse-Kino strukturell verändern können, beweist ein Blick in die Programmkino-Studie, die Frank Völkert auf der Filmkunstmesse 2022 in Leipzig vorstellte. Denn auch wenn der Bestand der knapp 5.000 Leinwände in Deutschland stabil bleibt, so zeigen sich doch Strukturveränderungen: Rund 70 Prozent der Neueröffnungen und über die Hälfte der Wiedereröffnungen

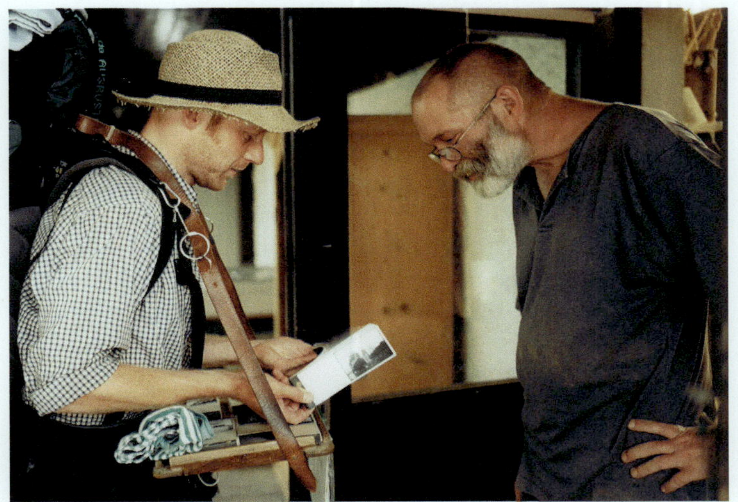

11 Der wandernde Daumenkinograph Volker Gerling ist Produzent, Vorführer und Erzähler in einem

entfallen auf Kommunale Kinos, Open-Airs, Uni-Kinos, Vereine und Wanderkinos. 2022 wurden der Filmförderungsanstalt (FFA) allein 49 Wanderkinos gemeldet – eine Erhöhung um mehr als 60 Prozent seit 2014 (Kinoergebnisse-Statistik 2023). Wenn man bedenkt, dass der Zählung lediglich die Organisationen und Personen zugrunde liegen, die die Filme eigenständig abrechnen und melden, kommen auch noch weitere Kinosonderformen ins Spiel, nämlich temporäre Projektoren und Leinwände in Universitäten, Volkshochschulen, Bürgersälen, Vereinen oder Open-Airs. Wie auch immer sie sich nennen: Filmkunstkinos jeder Art müssen sich derzeit eine Menge einfallen lassen, denn die FFA-Studie von Völkert attestiert in kleineren Ortschaften signifikante Verluste beim Arthouse-Publikum, insbesondere bei den Älteren und Einkommensschwächeren, die nun öfter ausbleiben. Höchste Zeit also, direkt dahin zu gehen, wo das Publikum offensichtlich Berührungsängste mit dem Kino hat. An Energie und Idee scheint es den heutigen Wanderkinos jedenfalls nicht zu fehlen.

Da ist zum Beispiel der Daumenkinograph Volker Gerling, der die Bilder ganz wortwörtlich zum Laufen bringt: Mit einem hölzernen Bauchladen, gebaut aus einem Küchentablett, und bestückt mit selbst fotografierten Daumenkinos, begibt sich der Kameramann und Fotokünstler seit mehr als 20 Jahren zu Fuß auf Wanderschaft, früher von Berlin aus, heute von seinem neuen Wohnort in Groß Dölln nahe Templin im Norden von Brandenburg. Er lebt von Spenden für seine persönlichen Daumenkino-Vorführungen, aus erster Hand versteht sich. Aus den Begegnungen auf seiner Walz entstanden weitere Fotoserien und lebendige Porträts, insgesamt 60 Daumenkinos während einer inzwischen 5.500 Kilometer langen Strecke in 18 Monaten, verteilt zwischen 2003 und 2023, auf den Wegen von Berlin nach Basel, von Berlin nach Köln, von Oldenburg nach Wismar, von Wismar nach Groß Dölln, von Magdeburg nach Wabern, von Wabern nach Wiesbaden und zuletzt von Groß Dölln nach Görlitz sowie ins Große Walsertal in Vorarlberg. Auf seinen späteren «Daumenkino-Kinoabenden» bringt Gerling seine Werke mithilfe einer Videokamera auf die Leinwand und erzählt von den Menschen auf dem Land, die sich seine Daumenkinos lieber vorführen ließen, weil sie sich scheuten, sie in die Hände zu nehmen. Der Kinomacher als Produzent, Vorführer und Erzähler in einer Person: Noch direkter und persönlicher kann die kleinste und beweglichste Form von Kino wohl kaum auf das Publikum zugehen. Und wie so oft trifft auch hier das Wanderkino auf das große Theater und potenziert seine kulturelle Reichweite: Gerlings Arbeiten, die oftmals in Dörfern und ländlichen Gebieten entstanden, wurden schon von 120 Bühnen und Festivals auf vier Kontinenten gezeigt und 2015 mit dem «Total Theatre Award» im Rahmen des Fringe Theaterfestivals Edinburgh honoriert.

Auch einige Bundesländer haben begriffen, dass Menschen, die in Regionen ohne eigenes Kino leben, den Weg zur nächsten Leinwand scheuen, weil er einfach zu weit ist. Weshalb das Kino zu ihnen zurückkommen muss. Das Land Baden-Württemberg fördert das Kinomobil Baden-Württemberg, das seit 1986 in Kooperation mit Städten, Gemeinden und lokalen Kooperationspartnern Filmkultur in derzeit 90 ‹kino-lose› Gemeinden bringt. Für Kinder- und Jugend-, Abend- und Open-Air-Veranstaltungen stehen neben wechselnden aktuellen Filmprogrammen Wahlprogramme zu gesellschaftlichen und zielgruppenspezifischen Themen zur Auswahl. Bei Spieltagen mit Defiziten springt die jeweilige Gemeinde mit einem garantierten Mindestumsatz ein. Mit «Rätsel-Lichtspielen» auf der Homepage und Angeboten aus dem Trickfilm-Netzwerk wendet sich das Kinomobil unter der Leitung von Jörg Eckstein speziell an jüngeres Publikum. Unter dem Motto «Mit dem Kino in die Schule» fährt das Kinomobil im Rahmen der Schulkinowochen außerdem direkt dorthin, wo man bisher (noch) nicht von selbst gemeinsam ins Kino gegangen ist – auch dies ein Vorteil des Wanderkinos, das auf diese Weise Filmkultur schmackhaft machen will.

Dass das Wanderkino dabei nicht mit den Kinos vor Ort in Konkurrenz gehen muss, zeigt das Film- und Kinobüro Hessen mit seinem «SommerWanderKino», das 2023 wieder zum «kinoSommer hessen» zurückbenannt wurde und zur cineastischen Entdeckungstour in alten Burgruinen, auf historischen Marktplätzen

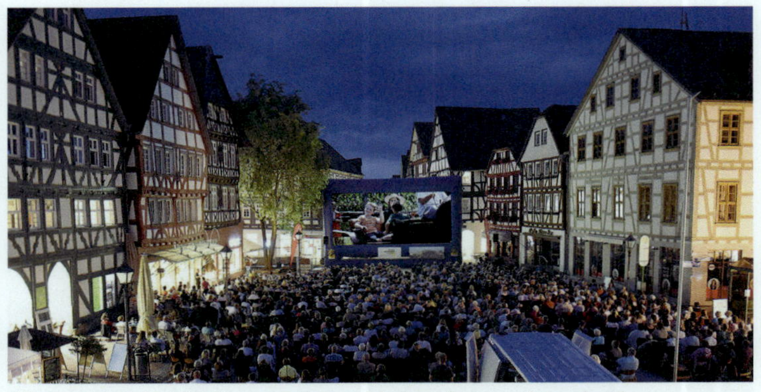

12 Durch zahlreiche Kooperationen ist das «SommerWanderKino» vom Film- und Kinobüro Hessen wie hier auf dem historischen Marktplatz in Grünberg zur Institution geworden

und alten Industrieanlagen einlädt. Es bindet neben Kommunen, lokalen Vereinen und Kulturinstitutionen auch zahlreiche hessische Kinos aktiv in die Planung und Durchführung mit ein. Als Teil des Corona-Förderprogramms «Ins Freie!» des hessischen Wissenschaftsministeriums und gefördert von der HessenFilm und Medien GmbH, stieg die Zahl der Besucher 2022 bei über 200 kulturell geprägten Kinoabenden in rund 80 kleineren Orten in Hessen auf mehr als 30.000 Besucher. Die Pandemie hatte die Ausweitung solcher Netzwerkprojekte erst möglich gemacht, die durch lokale, regionale und landesweite Partnerschaften als dauerhafte Standortförderung etabliert werden sollen. Leider musste das Film- und Kinobüro 2023 ohne zusätzliche pandemiebedingte Open-Air-Landesförderung die Anzahl der Veranstaltungen drastisch auf ein Viertel des Vorjahres reduzieren, auch wenn diese wieder Tausende von Besuchern anzogen.

Wer sein Publikum erreichen will, muss nicht nur viel fahren und dabei Technik transportieren, sondern auch Aufmerksamkeit erregen, wie es die originellen mobilen Gefährte heutiger Wanderkinos vormachen. Ob als knallrotes Oldtimer-Feuerwehrfahrzeug von 1969 mit komplett integrierter 16-mm-Kinotechnik wie beim historisch inszenierten «Wanderkino» des Mu-

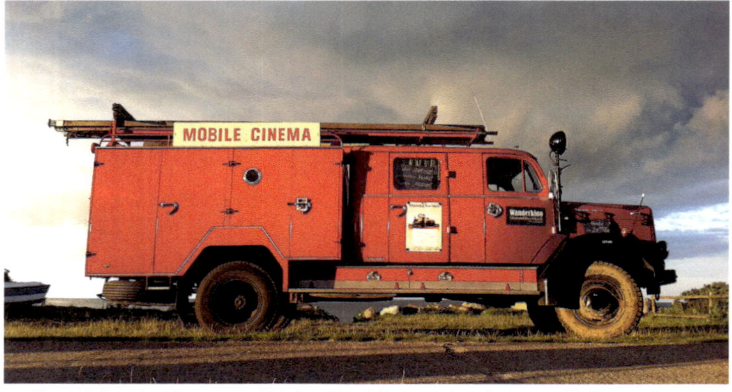

13 Das «Wanderkino» von Tobias Rank kommt in einem auffälligen Feuerwehrfahrzeug

sikers Tobias Rank aus Wiesenburg/Mark in Brandenburg, der Stummfilme aller Genres mit Livekonzerten verbindet. Oder das aus Langeweile in der Pandemie gegründete «SubaLi Wanderkino» der Brüder Marek und Joshua Biesenthal aus Kassel, die mit ihrem kompakten grünen japanischen Micro-Van, einem Subaru Libero, mit Projektor auf dem ausziehbaren Panoramadach für ein Pop-up-Kino an «wildesten Orten» sorgen.

Dass Kino im Grünen in der Tradition historischer Wanderkinos auch ‹Green Cinema› im ökologischen Sinne bedeuten kann, beweisen die zahlreichen Fahrradkinos, die in den letzten Jahren gestartet sind. Das 2017 gegründete «Cinema del Sol» in der Region Hannover setzt komplett auf Solarenergie, die von den Akkus der Fahrradanhänger kommt. Für dieses solare Wanderkino von Volker Stahnke vom Büro für Naturetainment können sich Dörfer und Städte ohne Kino aus der Region jährlich bewerben. Die Förderung durch den Klimaschutzfonds «enercity-proKlima» und die Sparkasse Hannover ermöglichte 2023 zwölf Kinovorstellungen. Doch Wanderkino braucht nicht notwendigerweise die Sonne und den Sommer, sondern kann auch im Winterhalbjahr stattfinden. Das einstige Ladenkino, das während der Wirtschaftskrise in Berlin Anfang des 20. Jahrhunderts besonders erfolgreich war und leer stehende Geschäfte neu füllte, belebt seit zehn Jahren das «Kino für Moabit» von Neuem. Der Moabiter Filmkultur e. V. mit derzeit 35 Mitgliedern versteht sich als «Kino auf Wanderschaft», das in der Tradition der frühen Wanderkinos an mehr als 50 Spielorten in Lokalen, Läden, kulturellen und sozialen Einrichtungen in Moabit Filmkunst zeigt und «mit seinem dezentralen Vorgehen auch einen Weg für die Zukunft des Kinos» weisen will, wie es auf der Homepage zu lesen ist. Der Verein mit den Vorsitzenden Sabine Bader und Susanne Elgeti bringt damit das «Kino um die Ecke» zurück in den Stadtteil und setzt mit Filmabenden, Kinocafé und Filmgesprächen dem Rückzug ins Private ein attraktives öffentliches Angebot entgegen.

Ob Ein-Personen-Daumenkinograph, umfangreiche Kino- und Kooperations-Netzwerke, aufwendige Kinomobile, umweltbewusste Fahrradkinos, nomadisierende Kiez-Ladenkinos oder die vielen weiteren ambulanten Kinos und Open-Airs, die derzeit überall an Sichtbarkeit gewinnen: Sie alle zeigen, das die Ideenfreude grenzenlos zu sein scheint, wenn es um ein zeitgemäßes Wanderkino geht. Erstaunlich ist, wie oft sich diese höchst innovativen Kinomacher:innen auf das Wanderkino der Frühzeit beziehen und es gleichzeitig ganz neu interpretieren. Die Schnittmenge all dieser Wanderkinos liegt dort, wo der Zauber der ortsfesten Kinos nachlässt oder durch Schließung ganz erlischt. In Kooperation mit lokalen und öffentlichen Partnern, aber auch den stationären Kinos gelingt es ihnen, was auch für das Kino der Zukunft gelten muss: die proaktive Rückkehr zu dem Teil des Publikums, das verloren gegangen scheint, als begeisternder Weckruf für das gemeinsame Entdecken von Filmkunst direkt vor der Haustür.

6 Konkurrenz und Koexistenz

Das agile Wanderkino von morgen

Vorsicht, Falle: Für Wikipedia ist das Wanderkino schlicht «ein Kinobetrieb, der Filme an wechselnden Orten aufführt» – und umgangssprachlich zudem eine Bezeichnung für eine «Radarfalle». Und das, obwohl sich hinter dem Begriff des Wanderkinos nicht weniger als der Ursprung des Kinos vor mehr als 125 Jahren verbirgt! Daher sei einer solchen Alltagsdefinition zum Abschluss dieser Essayreihe noch einmal die ganze Wucht des mobilen Kinos entgegengesetzt. Mit seiner Aufführungspraxis, seinen Akteuren und Inhalten konnte es sich immer wieder veränderten gesellschaftlichen Bedingungen anpassen und die Kinokultur mitgestalten. Mit seinen innovativen Formen und Formaten läuft das Wanderkino derzeit sogar den Programmkinos zunehmend den Rang im Publikumszuspruch ab. Besitzt das Wanderkino sogar das Potenzial, das Kino für die Zukunft zu retten? Hier deutet sich ein Prozess an, der auch für die Zukunft des Kinos essenziell werden könnte: Agilität. Dazu zunächst ein Blick auf die von der Betriebswirtin Patricia Adam

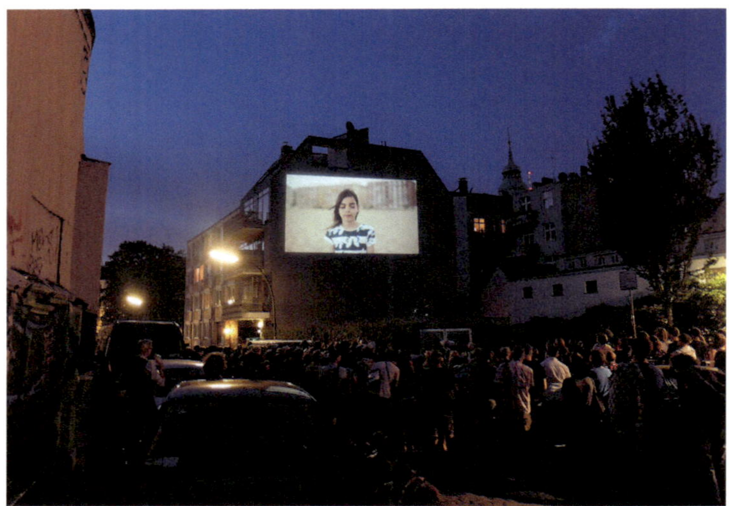

14 Hauswand als Kinoleinwand: «A Wall is a Screen»-Veranstaltung 2019 in Hamburg

von der Hochschule Hannover so bezeichnete «VUKA-Welt», in der es weltweit für Organisationen wie auch für die Kinos vier große Herausforderungen zu bezwingen gilt:

An erster Stelle steht die **Volatilität** in Form von Unbeständigkeiten, die sich in allen Bereichen zunehmend bemerkbar macht. Auch haben sich die Bedürfnisse des Publikums wie des Kinomarkts in den letzten Jahren oft ohne Vorankündigung gewandelt. Lange Schließzeiten durch die Pandemie veränderten zudem das Verhalten, wie aus der Freizeit-Monitor-Studie der Stiftung für Zukunftsfragen hervorgeht: Freizeit findet derzeit vor allem zu Hause vor dem Fernsehen sowie im Internet und weniger mit anderen statt. Gleichzeitig bringt eine punktuell sehr hohe Nachfrage die Kinobetriebe an ihre Belastungsgrenzen, wenn ein neuer JAMES BOND- oder AVATAR-Film angekündigt ist. Diese Schwankungen führen zweitens zu einer starken **Unsicherheit** in der Planung der Filmtheater. Langfristige wirtschaftliche Strategien für die Zukunft funktionieren kaum mehr, was Investitionen in neue Technik, Kinosäle und Leinwände, aber auch in Programm- und Personalkonzepte behindert. Öffentliche Förderstrategien für die Kinos müssen in dichter Taktung erarbeitet und ständig aktualisiert werden, wie etwa die Filmkonzeption des Landes Baden-Württemberg zeigt, die seit ihrem Erscheinen 2020 kontinuierlich fortgeschrieben wird.

Drittens ist es die **Komplexität** des globalen Medienmarkts, der durch die Digitalisierung ein wachsendes Angebot an Filmen produziert. Darunter finden sich auch zahlreiche Streaming-Angebote wie etwa der neue Film von Martin Scorsese, KILLERS OF THE FLOWER MOON, die mit ihrer kurzen Zeitspanne im Kino nur schwer zu greifen sind. Während US-amerikanische Film-Hypes wie Greta Gerwigs BARBIE oder THE ERAS TOUR von Taylor Swift das Kino auch in Deutschland zum Event-Ort mit buntem Dresscode mutieren lassen und die Charts dominieren, bleibt in deren Schatten der Zuspruch für deutsche Filmkunst wie etwa ROTER HIMMEL von Christian Petzold weit hinter seinen Möglichkeiten zurück. Viertens ist es der Faktor der **Ambiguität**, durch den sich die Situation der Kinos nicht mehr eindeutig bestimmen lässt. Schon lange gibt es nicht mehr die eine Lösung, wie das Kino zu betreiben oder zu retten ist. Laut der Studie *Obsolete Stadt* der Universität Kassel ist das Verschwinden von Kinos nicht nur aus den Innenstädten wahrscheinlich. Die düstere Prognose sieht in einer Stadt wie Hamburg mit derzeit noch 28 Kinos einen Rückgang von etwa 40 Prozent aller Kinos bis 2030 voraus. Aktuelle Hilferufe von Programmkinos in Kassel oder Oldenburg und Schließungen wie in Mainz und Tübingen untermauern diese Entwicklung.

Auch wenn sich 2023 eine leichte Erholung der Besucherzahlen abzeichnet, lagen die Kinobesuche 2022 insgesamt doch über ein Drittel hinter denen des Vor-Corona-Jahres 2019 zurück. Gleichzeitig sinkt die Besucherintensität. Zugespitzt heißt das, dass die Krise des Kinos am Ende an denen liegt, die nicht mehr ins Kino gehen. Das waren 2022 allein bei den Programmkinos rund 44 Prozent aller Befragten, darunter zu 72 Prozent Menschen mit geringem Einkommen. Nur die Gruppe der 10- bis 14-Jährigen war überdurchschnittlich stark im Kino vertreten; der Einfluss des Schulhofs übersteigt offenbar den der Eltern. Doch der Erfolg hängt an einzelnen Blockbustern, wie das «Barbenheimer»-Phänomen zeigte, der enorme Zuspruch für die Filme BARBIE und OPPENHEIMER, ohne die der Kino-Sommer unterdurchschnittlich verlaufen wäre. Die Herausforderung besteht nun darin, das Kino flexibel durch diese Unwägbarkeiten zu manövrieren und «Agilität als Wunderwaffe», wie es Patricia Adam nennt, einzusetzen. Gemeint sind damit agile, iterative Praktiken, die so lange erprobt werden, bis sie trotz Unsicherheiten zur vorsichtigen Annäherung an Lösungen für akute Fragestellungen führen – Teamarbeit, Feedback-Schleifen und Kurskorrekturen inbegriffen. Wie gewinnt man das ältere und das ärmere Publikum zurück? Wie interessiert man weiterhin die Jüngeren? Wie erhält man attraktive künstlerische Vielfalt auf den Leinwänden? Und wie sichert man letztlich die Leinwände trotz Kino-Leerständen in den Städten und auf dem Land?

Bei diesen Fehlstellen könnten agile Formen des Wanderkinos unterstützend eingreifen. Lars-Henrik Gass, Leiter der Internationalen Kurzfilmtage Oberhausen, macht sich seit Langem für den Bau und Betrieb von Kinematheken in größeren deutschen Städten stark. Doch er setzt mittlerweile auch auf ergänzende modulare Kino-Lösungen, wie er es in der Heidelberger Kinokonzeption und auf dem Filmportal *Filmdienst* jüngst zum Ausdruck brachte. Für ihn stehen die Wanderkinos nicht im Widerspruch zu stationären kulturellen Filmhäusern. Im Gegenteil: Es gilt, zusätzliche hochwertige, beispielhafte und leicht zu adaptierende Formen von Kino zu schaffen, die auf die starken gesellschaftlichen Transformationen reagieren und zielgerichtet auf ihr Publikum zugehen können. Warum nicht in Seniorenzentren mobile Kinos einrichten, wie es das Cinema Augustinum der gleichnamigen Seniorenresidenz im Heidelberger Emmertsgrund tut? Es verwandelt das hauseigene Theater mehrmals im Monat in ein Kino und lädt anschließend

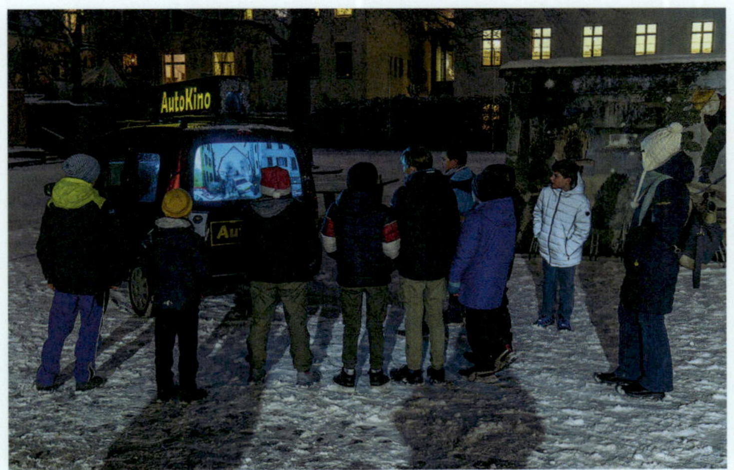

15 Das «AutoKino» vom «Kollektiv UrbanProjection» bei einem Schulweihnachtsfest in Lübeck

zum Nachgespräch in die benachbarte Gastronomie ein. Damit schließt die Einrichtung zugleich eine Kino-Lücke in einem kulturell unterversorgten Stadtteil und zeigt, dass Theaterräume und Kino gemeinsam neue Wege gehen können. Welche Hilfestellung eine fachkundige Kuratierung in der Fläche leisten kann, beweist auch das Europäische Filmfestival der Generationen, das 2023 bundesweit in über 110 öffentlichen Räumen wie Stadthallen, Bürgerzentren und Gemeindehäusern zu 350 Vorstellungen zu Gast war. Dabei erreichte dieses mobile barrierefreie Quartierkino der Katholischen Hochschule Freiburg und des Instituts für Gerontologie der Universität Heidelberg mehr als 10.000 Besucher in zumeist ‹kino-freien› Gebieten, darunter viele mobilitätseingeschränkte ältere Menschen, die fast einstimmig Filmauswahl und die Gespräche danach lobten.

Es zeigt, dass agiles Wanderkino als Brücke zwischen Festival und Kino fungieren kann. Das Gleiche ließe sich für Schulen, Kindergärten sowie Hochschulen und überall dort durchdeklinieren, wo es kein Kino (mehr) in Laufnähe gibt, wo die Vielfalt des

Filmprogramms eingeschränkt ist oder sich Zielgruppen nicht erreichen lassen. Dabei muss das mobile Kino nicht immer neu erfunden werden. Innovative filmkünstlerische Initiativen wie dem «Kollektiv UrbanProjections» aus Lübeck sowie «Flexibles Flimmern» und «A Wall is a Screen» aus Hamburg verwandeln verödete Stadträume in Leinwände. Sie interagieren durch inhaltlich passende Filmformate und Eigenproduktionen mit den jeweiligen Orten und begeistern damit ihr Publikum. Ein Modellprojekt könnte viele der oben genannten und weitere gute Beispiele zusammenführen, neue Ideen erproben und Konzepte wie Kontakte allen Interessierten auf einer zentralen Plattform zugänglich machen. Auch hier lässt sich vom Agilitätskonzept und den sogenannten ‹Big Five › der Prozesssteuerung lernen:

1. Anforderungen und Vorgaben

Um das agile Wanderkino für die Zukunft zu ertüchtigen, braucht es zunächst ein bundesweites Mapping des Bestands und des Bedarfs. Danach gilt es darüber hinaus, standardisierte Prototypen von ressourcenschonenden, beweglichen und hochwertigen Kinokultur-Modulen zu entwickeln, die sich den jeweiligen Bedürfnissen vor Ort anpassen. Jeder zu ertüchtigende Kinoraum benötigt eine adäquate technische Ausstattung, eine architektonische emotionalisierende Raumdimension sowie eine fachlich-cineastische Ausgestaltung und Vermittlung der Inhalte: ob als leicht aufbaubare, wetterresiliente Pop-up-Einheit auf Freiflächen, als integrierbares Element innerhalb bereits bestehender Räume oder als eigenständiges Modul mit architektonischer Strahlkraft. Dazu kommen zielgerichtete Formen des Kuratierens und Vermittelns. Das Kino der Zukunft darf sein Äußeres verwandeln, aber niemals sein Gesicht und seine Qualität verlieren.

2. Ressourcenbereitstellung

Agiles Wanderkino, das nachhaltig und flexibel einsetzbar ist, kostet Geld und Personal, sowohl bei der Entwicklung als auch bei der Umsetzung. Doch wenn schon bis 2030 mehr als ein Drittel der derzeit bestehenden Kinos zur Disposition steht, wird es bald akuten Handlungsbedarf geben. Bereits jetzt zeigen aufgebrachte öffentliche Kampagnen wie etwa angesichts der Schließung der Mainzer Programmkinos, gegen die über 30.000 Menschen mit ihren Unterschriften protestierten, wie empfindlich solche Leerstellen Politik und Verwaltung unter Druck setzen. Es braucht daher eine ausreichende Förderung zur Entwicklung von agilen Modellen, um Kinokultur-Module und Wissensbestände für die lokalen Gegebenheiten nutzbar zu machen und damit kinofreie Bereiche zu vermeiden.

3. Regeln

Ein solcher Prozess benötigt Regeln für alle beteiligten Akteure, die im Verlauf ausgestaltet werden müssen. Selbstverständlich sollte dabei als Prämisse gelten, bestehende Kinos oder Filmfestivals durch den Einsatz von agilen Formen des Kinos nicht zu gefährden. Agiles Wanderkino kann Botschafter für die Kulturpraxis Kino und eine Brücke zu den Kinos und Festivals vor Ort sein. Proaktiv kann es die Vielfalt aktueller Filmkunst zu spezifischen Zielgruppen vor Ort bringen und muss dabei selbstbestimmt bleiben. Es kann kulturelle Allianzen mit Künstler:innen, Museen, Theaterhäusern und Wanderbühnen schmieden und damit das klassische Kulturpublikum, aber auch kulturferne Menschen begeistern. Es kann das Filmerbe lebendig halten und sogar sein eigenes ‹mobiles› Genre der Wanderbühne in den Klassikern der Filmgeschichte pflegen sowie den Kurzfilm stärker sichtbar machen.

4. Koordination

Für ein Modellprojekt, von dem alle profitieren, braucht es Förderallianzen mit Universitäten, Stiftungen, Ministerien, Kommunen und Filmförderungen – sei es in Form eines Forschungsprojekts, von Reallaboren oder einer skalierbaren exemplarischen Realisierung an einem Modellort. Agiles Wanderkino darf nicht durch sämtliche Fördertöpfe durchrutschen, sondern braucht spartenübergreifende Kriterien und Partner. Angesichts von neuen und anhaltenden Kriegen, starken Migrationsbewegungen, hoher Inflation und Klimawandel, aber auch in Folge der Digitalisierung droht die kulturelle Teilhabe weiter zu sinken. Sanierungsbedürftige Milliarden-Projekte wie etwa das Berliner Pergamonmuseum drohen durch lange Schließzeiten als kulturelles Eiland zu veröden. Der polarisierenden Debatte um niedrigschwellige Orte der Kultur, die mit einschneidenden gesellschaftlichen Veränderungen mithalten sowie Zusammenkunft und demokratischen Perspektivenwechsel ermöglichen, sollte die Einigkeit darüber folgen, zeitnah flexible Formen zu erproben und schnell einsetzbar zu machen.

5. Review

Für die demokratische Stadtgesellschaft stellen filmkulturelle Kino-Orte nicht nur einen besonderen Freizeitwert dar, sondern dienen als kollektive Resonanz- und Erfahrungsräume. Sie ermöglichen die öffentliche Reflexion und Diskussion darüber, wie wir friedlich, multikulturell und divers zusammenleben wollen, und dies im Idealfall über alle Sprachbarrieren, Altersgenerationen und Bildungsgrade hinweg. Ob und in welcher Form agile Kinoformen tatsächlich dazu in der Lage sind, muss evaluiert werden. Dabei muss ermöglicht werden, bereits während des Prozesses Formen zu entwickeln, ihre Wirkung zu bewerten und wieder in den Prozess zurückfließen zu lassen.

Agiles Wanderkino in Verbindung mit Filmhäusern, Kinos und Filmfestivals vor Ort, die im Sinne des Kulturauftrags gut kuratiert, professionell geführt sowie sicher und technisch zeitgemäß ausgestattet sind, werden auch künftig einen hohen Stellenwert besitzen, um Menschen zusammenzubringen und für die Filmkultur zu begeistern. Inwieweit agile Wanderkinos dabei als Wunderwaffe und in Koexistenz zu Kinos und Festivals agieren können, wird sich zeigen, sobald man sie zielgerichtet

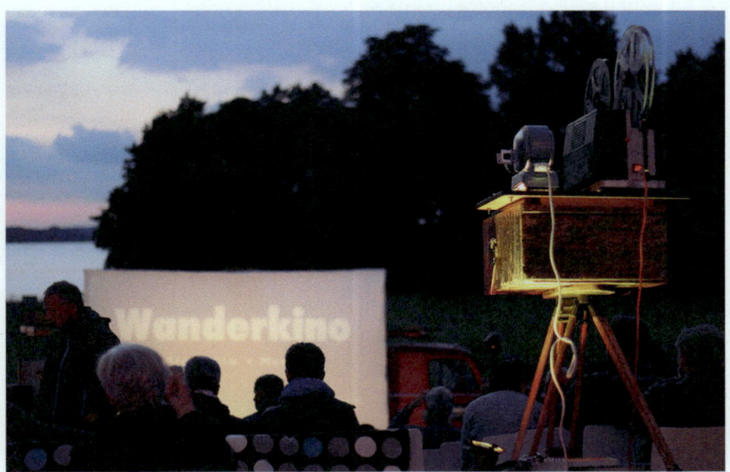

16 Historische Aufführungspraxis ist Vorbild für das zeitgemäße «Wanderkino» von Tobias Rank

installiert und als untrügliche «Radarfalle» für ein zu hohes Tempo auf der Schnellstraße der Digitalisierung ernst nimmt.

Seit seiner Entstehung fungiert das Wanderkino immer wieder als resilientes und krisenerprobtes Vorbild angesichts der nicht enden wollenden Metamorphose des Kinos und seiner technischen Möglichkeiten. In seinen besten Momenten wird es in seiner Aufführungspraxis wie als Filmmotiv zugleich zur Wunderbühne. Oftmals Hand in Hand mit der Theaterwanderbühne ist es selbstreflexiv, wehrhaft wie wahrhaft, Zuflucht und flüchtig zugleich. Und vor allem ist das Wanderkino dabei immer eines: ganz nah beim Publikum. Daraus können und sollten wir auch für die Zukunft des Kinos lernen.

Vorgestellte Wanderkinos und -künstler:innen

A Wall is a Screen, Hamburg
Cinema del Sol in der Region Hannover
Daumenkinograph Volker Gerling, Groß Dölln
Film Poem Tour von Telemach Wiesinger, Riegel am Kaiserstuhl
Flexibles Flimmern, Hamburg
Kino für Moabit, Berlin
Kinomobil Baden-Württemberg e.V.
Mannheim Kinokult Open Air, Mannheim
Kollektiv Urban Projection, Lübeck
SommerWanderKino / kinoSommer hessen vom Film- und Kinobüro Hessen
SuBaLi Wanderkino von Marek und Joshua Biesenthal, Kassel
Wanderkino von Tobias Rank, Wiesenburg/Mark
WoAndersKino vom Medienforum / Karlstorkino Heidelberg

Auswahl Filme mit Wanderbühnen als Schlüsselmotiv

Abenteuerfilm / Mantel- und Degenfilm / Historienfilm

SCARAMOUCHE, USA 1923, R: Rex Ingram
LE CAPITAINE FRACASSE, F 1929, R: Alberto Cavalcanti / Henry Wulschleger
CAPITAIN FRACASSE, I/F 1943, R: Abel Gance
LA CAROZZA D'ORO (DIE GOLDENE KAROSSE), F/I 1952, R: Jean Renoir
SCARAMOUCHE, USA 1952, R: George Sidney
CESARIN JOUE LES ETROITS MOUSQUETAIRES, F 1962, R: Émile Couzinet
IL VIAGGIO DI CAPITAN FRACASSA (DIE REISE DES CAPITAN FRACASSA), I/F 1990, R: Ettore Scola

Absurdes Drama und Theater-Drama:

MOLIÈRE, F/I 1978, R: Ariane Mnouchkine
ROSENCRANTZ AND GUILDENSTERN ARE DEAD (ROSENKRANZ & GÜLDENSTERN), GB/USA 1990, R: Tom Stoppard
MOLIÈRE, F 2007, R: Laurent Tirard
HAMLET, CDN 2016, R: Antoni Cimolino / Shelagh O'Brien

Dokumentationen

Der Theaterdampfer, DDR 1982, R: Lew (auch: Hans-Jürgen) Hohmann
Queen Lear, TR 2019, R: Pelin Esmer
Paris Calligrammes, D/F 2020, R: Ulrike Ottinger

Experimental- und Undergroundfilm

Knightriders (Ritter auf heissen Öfen), USA 1981, R: George A. Romero
Freak Orlando, BRD 1981, R: Ulrike Ottinger
Život i smrt Porno Bande (Leben und Tod einer Pornobande), SRB 2009, R: Mladen Djordjevic

Frühe Horrorfilme und Phantastischer Film

Das Cabinet des Dr. Caligari, D 1920, R: Robert Wiene
Das grinsende Gesicht, A 1921, R: Julius Herska
Das Wachsfigurenkabinett, D 1924, R: Paul Leni und Leo Birinski
The man who laughs (Der Mann der lacht), USA 1928, R: Paul Leni
Freaks (Missgestaltete), USA 1932, R: Tod Browning

Heimatfilm

Menschen, die vorüberziehen, CH 1942, R: Max Haufler

Jugendfilm

Nechci nic slyset (Ich will nichts hören), CSSR 1978, R: Ota Koval

Komödie, komödiantisches Drama

Il ratto delle sabine, I 1945, R: Mario Bonnard
Der Raub der Sabinerinnen, BRD 1953/1954, R: Kurt Hoffmann
Turné, I 1990, R: Gabriele Salvatores
Les ogres, F 2015, R: Léa Fehner

Krimi/Thriller

Gefährliche Neugier, BRD 1971, R: Hans Dieter Schwarze
Nightmare Alley, USA 2021, R: Guillermo del Toro

Liebesdrama, Melodram und Autorenfilm

AFGRUNDEN (ABGRÜNDE), DK 1910, R: Urban Gad
THE MATINÉE IDOL, USA 1928, R: Frank Capra
UKIKUSA MONOGATAR (DER WANDERSCHAUSPIELER), J 1934, R: Yasujirô Ozu
LES VAGABONDS DU RÊVE, F 1949, R: Charles-Félix Tavano
GYCKLARNAS AFTON (ABEND DER GAUKLER), S 1953, R: Ingmar Bergman
LA STRADA (DAS LIED DER STRASSE), I 1954, R: Federico Fellini
DET SJUNDE INSEGLET (DAS SIEBENTE SIEGEL), S 1957, R: Ingmar Bergman
NUSUMARETA YOKUJO (STOLEN DESIRE), J 1958, R: Shôhei Imamura
ANSIKTET (DAS GESICHT), S 1958, R: Ingmar Bergman
UKIKUSA (ABSCHIED IN DER DÄMMERUNG), J 1959, R: Yasujirô Ozu
BLOWUP, GB/I 1966, R: Michelangelo Antonioni
PINJRA (PINJARA), IND 1972, R: V. Shantaram
FITZCARRALDO, BRD/PE 1982, R: Werner Herzog
THE PLAYBOYS (DIE PLAYBOYS), USA/GB/IRL 1992, R: Gillies MacKinnon

Märchenfilme

BLANCANIEVES (EIN MÄRCHEN VON SCHWARZ UND WEISS), E/F 2012, R: Pablo Berger
IL RACCONTO DEI RACCONTI (DAS MÄRCHEN DER MÄRCHEN), I/F/GB 2015, R: Matteo Garrone

Magischer Realismus, Tragikomödie, spätere Fantasy- und Horrorfilme

THE ELEPHANT MAN (DER ELEFANTENMENSCH), USA/GB 1980, R: David Lynch
THE ADVENTURES OF BARON MUNCHAUSEN (DIE ABENTEUER DES BARON MÜNCHHAUSEN), GB/USA/E/BRD 1988, R: Terry Gilliam
THE IMAGINARIUM OF DOCTOR PARNASSUS (DAS KABINETT DES DR. PARNASSUS), GB/F/CDN 2009, R: Terry Gilliam
MAD CIRCUS (EINE BALLADE VON LIEBE UND TOD), ES/F 2010, R: Álex de la Iglesia
L'HOMME QUI RIT, F 2012, R: Jean-Pierre Améris
OZ THE GREAT AND POWERFUL (DIE FANTASTISCHE WELT VON OZ) USA 2013, R: Sam Raimi
A SENSITIVE PERSON (CZ/SK 2023), R: Tomáš Klein

Musical, Musikfilm, Varietéfilm und Puppenspiel

Varieté, D 1925, Regie: Ewald André Dupont
Lili, USA 1953, R: Charles Walters
The good companions, GB 1957, R: J. Lee Thompson
Roustabout (König der Rhythmen), USA 1963, R: John Rich
Les demoiselles de rochefort (Die Mädchen von Rochefort), F 1967, R: Jacques Demy
Fariaho, DDR 1982/1983, R: Roland Gräf
The Adventures of Priscilla, Queen of the Desert (Pricilla – Königin der Wüste), AUS 1994, R: Stephan Elliott
The adventures of pinocchio (Die Legende von Pinocchio), USA /CZ/ GB/F/D 1996, R: Steve Barron

Wanderkino trifft Wanderbühne

Picture show man (Wanderkino Pym), AUS 1977, R: John Powers
Báječní muži s klikou (Die wunderbaren Männer mit der Kurbel), CSSR 1978, R: Jirí Menzel
Die Serpentintänzerin, D/HU 1991/1992, R: Helmut Herbst

Westernkomödie

Heller in pink tights (Die Dame und der Killer), USA 1960, R: George Cukor
Viva Maria!, F/I 1965, R: Louis Malle

Zeitgeschichte

O thiasos (Die Wanderschauspieler), GR 1975, R: Theodoros Angelopoulos

Abbildungsnachweise

Bertelsmann / Thomas Ecke (1) • Concorde (9) • Danish Film Institut (5) • DEFA-Stiftung / Waltraut Pathenheimer (10) • Friedrich-Wilhelm-Murnau-Stiftung Wiesbaden (8) • Susanne Schüle (11) • Christoffer Greiß (15) • Hans-Joachim Loser / Stadt Grünberg (12) • Nadine Mayer / A Wall is a Screen Veranstaltung 2019 in Hamburg (14) • Alexander Pawlak (3) • Claudia Siegel / Tobias Rank (13, 16) • Deutsche Kinemathek (2, 4) • StudioCanal (7) • Werner Herzog Film / Deutsche Kinemathek (6)

Morticia Zschiesche

Komm und sieh – Der Krieg ins uns

Essays zur Zukunft des Kinos

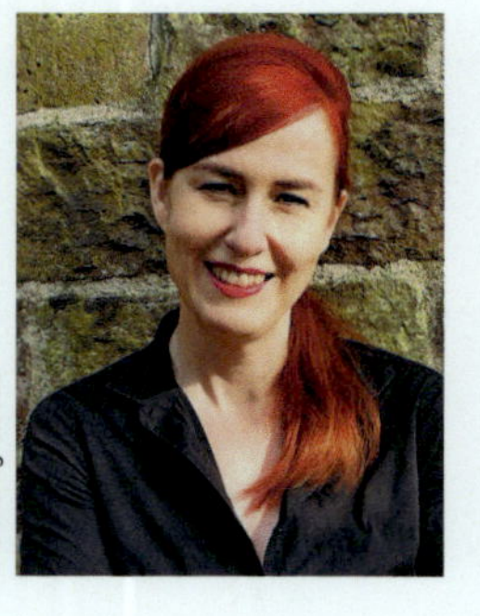

© chilterngreen.de

Die Autorin

Morticia Zschiesche studierte Theater-, Film- und Fernsehwissenschaften sowie Publizistik an der FU Berlin. Sie promovierte an der Ruprecht-Karls-Universität Heidelberg in Soziologie. Die Autorin, Kuratorin und Kultur-Beraterin interessiert sich besonders für die Vermittlung von Filmkunst und Kinokultur und ist Mitglied im Verband der deutschen Filmkritik / FIPRESCI International Federation of Film Critics. Ihr Debütroman *Die kleinen Leute gehen ins Kino* ist 2021 erschienen. 2023 war sie Jahresstipendiatin im Rahmen des Siegfried-Kracauer-Preises.

Fotograf der Umschlagabbildungen

Telemach Wiesinger, geboren 1968, ist Künstler: Filmemacher, Lichtbildner und Dozent. Seine Arbeiten zeigen diverse Buchveröffentlichungen und Einzelausstellungen, seine 16-mm-Filmarbeiten laufen auf internationalen Filmfestivals und sein Ateliersitz liegt in Riegel am Kaiserstuhl. Telemach Wiesinger erzählt Bildergeschichten – analoge Filmkamera und Bilderwerfer sind seine Werkzeuge. Dahinter steht der Gedanke, dass Film nicht nur ein anonymes, beliebig oft wiederholbares Ereignis im dunklem Kinosaal – ohne direkten Kontakt zwischen Sender und Empfänger – ist, sondern dass das Publikum dem Filmemacher, seinen Geschichten und seinem Material direkt auf seiner FILM POEM TOUR begegnen kann.
www.telemach-wiesinger.de

Morticia Zschiesche

Komm und sieh – Der Krieg in uns

Essays zur Zukunft des Kinos

SCHÜREN

Bibliografische Information der Deutschen Nationalbibliothek
Die Deutsche Nationalbibliothek verzeichnet diese Publikation in der Deutschen Nationalbibliografie; detaillierte bibliografische Daten sind im Internet über
http://dnb.d-nb.de abrufbar.

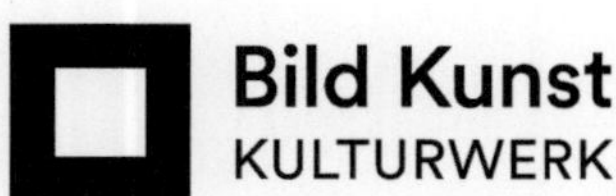

Diese Publikation wurde von der Stiftung Kulturwek der VG Bild-Kunst gefördert

Schüren Verlag GmbH
Universitätsstr. 55 | 35037 Marburg
www.schueren-verlag.de

Gestaltung: Erik Schüßler
Umschlaggestaltung: Wolfgang Diemer unter Verwendung von Abbildungen aus den 16-mm-Filmpoems TURBULENCE (D 2022) und KYKLOP (D 2023) von Telemach Wiesinger
Druck: booksfactory, Stettin
Printed in Poland
ISBN 978-3-7410-0483-4

Inhalt

Einleitung und Dank

Kino macht mobil, so lautet die Grundthese und beschwörende Formel des vorliegenden Essaybands. Auf den beiden Titelbildern hat dies der Filmkünstler und Fotograf Telemach Wiesinger mit zwei Film-Stills aus seinen 16-mm-Filmpoems TURBULENCE (D 2022) und KYKLOP (D 2023) treffend in Szene gesetzt. In seinem flexiblen analogen Wanderkino führt er seine Filme weltweit erfolgreich in Kinos, auf Festivals, in Museen oder auf Freiflächen vor und ist mit diesem Rückgriff auf die Wurzeln des Kinos Avantgarde. Wenn es um die Zukunft des Kinos geht, gilt es, dieses wertvolle Potenzial in den nächsten Jahren weiter auszuschöpfen. Oder wie es Edgar Reitz bei der diesjährigen Berlinale so treffend auf den Punkt brachte: Kino ist eine Weltkultur, in der als jüngste von allen Künsten noch immer Pionierarbeit geleistet wird. Kino mobilisiert emotional ebenso wie es von seinen Anfängen an bis heute in Bewegung geblieben ist und sich dabei immer wieder neu erfindet. Eine Schlüsselrolle kommt dabei einer ganz besonderen Form der Kinopraxis zu: dem Wanderkino. Es hat als Urform des Kinos gemeinsam mit den Theaterwanderbühnen die Film- und Kino-

geschichte komplett durchdrungen und feierte nicht überraschend während der Pandemie sein großes Comeback.

Der erste Teil in diesem Band blickt auf genau diese Form der Mobilisierung des Kinos – auf die Geschichte des Wanderkinos ebenso wie auf zukünftige Entwicklungsmöglichkeiten durch neue Formen der agilen Aufführungspraxis. Was lässt sich mit dem Blick in die Vergangenheit aus der Resilienz des Wanderkinos für innovative Kinoformen und seiner Bedeutung für die Filmkunst lernen? Das ambulante Kino begeisterte bereits vor mehr als 125 Jahren auf Jahrmärkten und in Varietés das Publikum so sehr, dass nach seinem Vorbild schon bald eine Vielzahl von ortsfesten Filmkunsttheatern und Kinos entstanden, wie wir sie noch heute kennen. Hinzu kommt der Einfluss wanderbühnenerfahrener Künstlerinnen und Künstler, durch die die Wanderbühne als Filmmotiv Einzug in die Filmgeschichte erhielt. Als eine Art ‹mobiles Genre› prägte es mit seinen narrativen Grundmustern und kulturellen Codes zahlreiche berühmte Filmklassiker, die es in diesem Kontext neu zu entdecken gilt – wie DAS CABINET DES DR. CALIGARI (D 1920) von Robert Wiene, LA STRADA (I 1954) von Federico Fellini oder THE IMAGINARIUM OF DOCTOR PARNASSUS (DAS KABINETT DES DR. PARNASSUS, GB/F/CDN 2009) von Terry Gilliam. Diese gegenseitige Durchdringung von Wanderbühne, Wanderkino, Akteuren und Filmkunst wurde bisher kaum ausreichend gewürdigt und soll zu mehr Beschäftigung mit dem Thema anregen. Mit diesem gesellschaftlichen und künstlerischen hohen Pfund kann bewegliches Kino auch zukünftig überall dort wuchern, wo klassische Filmtheater in medialen Umbruchzeiten schon lange nicht mehr hinreichen und proaktiv dorthin zurückkehren, wo es hingehört – zu seinem Publikum.

Doch nicht nur das Kino selbst muss weiter beweglich bleiben. Auch seine Inhalte müssen weiter mobilisieren und unsere Gesellschaft in ihrer ganzen Vielfalt beleuchten. Aber wie schaffen wir es, dass die Menschen auch dann hinsehen, wenn es um Krieg und mörderische Konflikte als Teil unserer Identität geht?

Die unauslöschliche Erinnerung an erlebte Gräueltaten ist eine der furchtbarsten Waffen des Kriegs, und Film wird dabei oft als Propaganda missbraucht. Doch zugleich können Filmkunstwerke durch gekonnten Perspektivwechsel auf Leinwand und das Gespräch darüber zum wichtigen Mittel werden, um zukünftige Kriege zu vermeiden oder gar Frieden zu schaffen. Der zweite Teil in diesem Band beleuchtet daher die Mobilmachung des Kinos und stellt einzigartige Filme über den Krieg aus den letzten Jahrzehnten durch verschiedene Genres und Entstehungsländer hindurch vor, die als Kultfilme Maßstäbe setzten und dabei selbst mitunter Grenzen weit überschritten. Was machte der Krieg im Film mit den Menschen, die ihn drehten? Was macht der Krieg im Film heute mit uns und was können wir in Hinblick auf aktuelle kriegerische Konflikte lernen? Wie weit darf ein Film zudem bei den Dreharbeiten gehen? Es sind Filme über den Krieg und für den Frieden zugleich, die unter die Haut gehen und kollektive Gefühle erzeugen – eine der großen Errungenschaften des Kinos und daher wichtig, diese Werke immer wieder Menschen allen Alters zugänglich zu machen und sie mit kritischem Blick neu sehen zu lernen.

Die beiden Essayreihen in diesem Band entstanden 2023 im Rahmen meines Jahresstipendiums durch den Siegfried-Kracauer-Preis, mit dem der Verband der deutschen Filmkritik zusammen mit der MFG Medien- und Filmgesellschaft Baden-Württemberg, der Film- und Medienstiftung NRW und der Mitteldeutschen Medienförderung MDM der Filmkritik mehr Aufmerksamkeit in der Öffentlichkeit verschaffen will. Die Texte wurden vom Medienpartner *Filmdienst* auf filmdienst.de veröffentlicht und für den vorliegenden Band leicht überarbeitet. Diese finanzielle und publizistische Unterstützung war ein besonderer Motor für mich. Möge diese Wertschätzung und Förderung von Filmkritik auch in Zukunft noch vielen anderen Autor:innen zu Gute kommen und für ihre Arbeit motivieren.

Mein großer Dank geht an Dr. Annette Schüren, die ohne zu zögern diesen Essayband realisiert hat. Für die redaktionelle

Betreuung und das Lektorat danke ich ihrem Team sowie Josef Lederle, Dr. Felicitas Kleiner und den Mitarbeiter:innen vom *Filmdienst*, Max-Peter Heyne von der MFG Medien- und Filmgesellschaft Baden-Württemberg für die organisatorische Unterstützung und dem Vorstand vom Verband der deutschen Filmkritik für die kollegiale Hilfe. Ich danke zudem sehr Prof. Dr. Cord Arendes, der mir privat in jeder Hinsicht den Rücken freigehalten hat, sodass ich meine Arbeit als Autorin überhaupt in dieser Weise fortsetzen konnte.

Herzlicher Dank geht ganz besonders an Alexander Pawlak, der mich mit seinem klugen redaktionellen Blick, seinem Optimismus und seiner unendlichen Geduld versiert durch viele Diskussionen, Filmsichtungen und Korrekturen begleitet hat. Für die Hilfe bei der Recherche zu Wanderbühnenfilmen danke ich außerdem Renate Karst-Matausch, Uli Schmider sowie Alexander Pawlak für die Nutzung ihrer umfangreichen privaten Film- und Buchsammlungen.

Für die Initiation zur Beschäftigung mit der Bedeutung von Wanderbühnen und -kinos in der Film- und Kinogeschichte danke ich darüber hinaus Florian Kaiser von der Wanderbühne Carnivore. Florian sorgte außerdem gleich in der Praxis dafür, dass sich die beiden Urformen auch aktuell gebührend begegnen konnten: Beim ersten Internationalen Wanderbühnenfestival 2023 in Heidelberg, veranstaltet von der AG Spektakel Heidelberg e. V., gastierte auch das WoAndersKino vom Kommunalen Karlstorkino Heidelberg mit Wanderbühnen-Filmen in stimmungsvoller Open-Air-Atmosphäre. Für die Einladung zu Vortrag und Lesung bei diesem Festival danke ich auf diesem Weg Florian Kaiser und Kerstin Kiefer nochmals sehr herzlich.

Zudem danke ich Hermann Ungerer, Leiter der Volkshochschule Edingen-Neckarhausen und leidenschaftlichem Wanderkino-Macher, für seine Idee zur Veranstaltungsreihe *Der Krieg in uns*, aus der heraus das Thema für die zweite Essayreihe in diesem Band entstand. Der Erfolg des Open-Air-Kinoabends zu Charlie Chaplins THE GREAT DICTATOR und mein Vortrag dort er-

mutigten mich, genauer auf Filme über Krieg zu schauen, um deren Erfolgsrezept zu entschlüsseln.

Dass in diesem Band Wanderkinos und -vorstellungen in all ihren innovativen Formen auch auf Bildern zur Geltung kommen, ist nicht selbstverständlich und nur deshalb möglich, weil zahlreiche Fotograf:innen und Institutionen den Abdruck unterstützt haben. Persönlich danke ich besonders Claudia Siegel und Tobias Rank vom *Wanderkino*, dem Daumenkinographen Volker Gehrling und Susanne Schüle, Philipp Zengel und der DEFA-Stiftung, Birgit Umathum und der Stiftung Deutsche Kinemathek, Mandy Berghoff und Bertelsmann, Marcel Steinlein und der Friedrich-Wilhelm-Murnau-Stiftung, Nadine Mayer und Sarah Adam von *A Wall is a Screen*, Andrea Bohacz und Christoffer Greiß vom *Kollektiv UrbanProjection*, Erwin Heberling vom Film- und Kinobüro Hessen sowie Hans-Joachim Losert, Alexander Pawlak, Michael Schäfer/chilterngreen.de und Telemach Wiesinger für ihre wertvolle Unterstützung.

Das Kino kann nur überleben, wenn es weiterhin Menschen gibt, die mit ihrer ganzen Kraft bewegende Werke für die große Leinwand schaffen und gleichzeitig das Kino selbst kontinuierlich in Bewegung halten. Daher gebührt mein abschließender Dank allen, die sich mit ihrer ganzen Kraft für die Zukunft des Kinos einsetzen und das oft mit hohem ehrenamtlichen Engagement und persönlichen Einsatz. Ich bin sehr stolz, mit meinen Texten einen Beitrag leisten zu können. Im Sinne von Edgar Reitz: Lasst uns Pioniere sein!

1 Der Krieg in uns

THE GREAT DICTATOR von Charlie Chaplin

Der Krieg begleitete von Anfang an auch Filmkünstler:innen ihrer Zeit, die nicht ohnmächtig auf das grausame Treiben der Kriegsmächte blicken und ihrem eigenen Blick auf die Konflikte Ausdruck verleihen wollten. Es entstanden starke persönliche Filme über den Krieg, die noch heute unter die Haut gehen und kollektive Gefühle erzeugen – eine der großen Errungenschaften des Kinos und daher wichtig, diese Werke Menschen allen Alters zugänglich zu machen. Oft genug trafen die Tiefenbohrungen auf der Leinwand zur Zeit ihres Entstehens einen empfindlichen Nerv bei Politik, Publikum oder Pöbel und erregten die Gemüter. Doch eine Gesellschaft bekommt die Filme, die sie verdient, denn sie lassen tief in ihre Seele blicken, wie es Siegfried Kracauer in seinem Werk *Von Caligari zu Hitler* ausführte und mit den Filmen im Weimarer Kino bis zur Machtergreifung Hitlers 1933 untermauerte. Als mich Hermann Ungerer, Leiter der VHS Edingen-Neckarhausen, fragte, ob ich einen Film

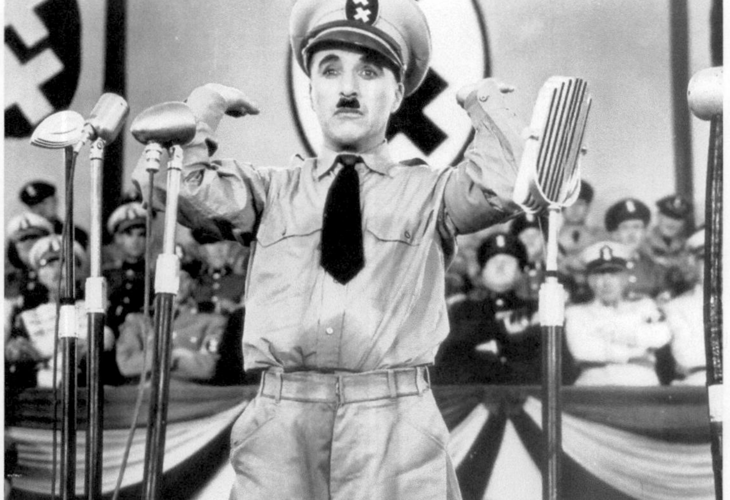

1 Erschreckend aktuell: THE GREAT DICTATOR als Chaplins persönliches Statement gegen kriegstreibende Diktatoren

innerhalb seiner Veranstaltungsreihe *Der Krieg in uns* vorstellen möchte, fiel mir der Kommentar meiner 83-jährigen Mutter ein: «Wenn ich heute die vielen Flüchtlinge aus der Ukraine und den gewaltigen Bombenhagel im Fernsehen sehe, träume ich nachts von meiner eigenen Flucht als Kind, und alle Ängste kommen wieder hoch. Ich gucke daher lieber kein Fernsehen mehr.» So wie meine Mutter sich durch aktuelle Fernsehbilder an den Zweiten Weltkrieg erinnert fühlte, ergeht es derzeit weltweit ganzen Generationen von Menschen, die Traumata durch Krieg und gewaltsame politische Konflikte erlitten und ihre Erinnerungen weitergegeben haben. Gerade die filmischen Erinnerungen an den Krieg schaffen dabei einen größeren Resonanzraum für die Auseinandersetzung und ermöglichen einen Perspektivwechsel, können zugleich jedoch auch abschrecken.

Doch wollen wir Filme über Krieg in Kriegszeiten überhaupt sehen? Ein Werk jedenfalls schafft es definitiv, uns noch heute

hinsehen zu lassen – THE GREAT DICTATOR (DER GROSSE DIKTATOR, USA 1940), geschrieben, gedreht und produziert von Charlie Chaplin. Hilft der Film uns auch dabei, den Krieg in uns und die Angst vor weiteren Kriegen zu bewältigen? Darf man das eigentlich: über Kriegsgräuel lachen? Chaplins eigenes Verhältnis zum Krieg war jedenfalls höchst virulent. 1889 in London geboren, wuchs er, bevor er in die USA auswanderte und dort erste Engagements erhielt, in ärmsten englischen Verhältnissen auf. Dabei war er, wie seine Tochter Carmen später bestätigte, selbst Teil einer Minderheit. Denn seine Großmutter gehörte der Gruppe der Sinti und Roma an. Die Eltern traten in britischen Music Halls als Künstler auf, waren jedoch so arm, dass sie ihn mit sieben Jahren in ein Kinderheim abgaben – eine schmerzhafte Trennung, die er in intensiver Weise in seiner Tragikomödie THE KID (DER VAGABUND UND DAS KIND, USA 1921) feinfühlig verarbeitete. Ironischerweise war THE KID nach zahlreichen erfolgreichen Kurzfilmen in den 1910er-Jahren sein erster Langfilm und einer seiner größten Kinoerfolge in der Rolle des ikonischen «Tramp», der ihm finanzielle Unabhängigkeit einbrachte. Geld, mit dem er seine Filme, wie später auch THE GREAT DICTATOR, selbst finanzieren konnte.

THE TRAMP: Das erste Mal war Chaplin in diesem Kostüm im gleichnamigen Kurzfilm 1915 zu sehen, und mit ihn drehte er danach viele autobiografisch motivierte und dadurch authentisch wirkende Kurzfilme wie THE IMMIGRANT (DER EINWANDERER, USA 1917) oder EASY STREET (LEICHTE STRASSE, USA 1917), in denen überall etwas von dem kleinen englischen Einwanderer, seiner Jugend und seinen Eltern steckte. Mit schmalem Lippenbärtchen, Melone, Stock, zu kleinem Anzug und mit Watschelgang in zu großen Schuhen verkörperte Chaplin in vielen seiner Stummfilmrollen den Außenseiter, den Landstreicher und Inbegriff des europäischen Kriegsflüchtlings und Immigranten, einen stolzen und charmanten Rebell gegen den US-Mainstream. Ein immer tänzelnder Clown – anarchisch, tragisch, komisch und mitten im Ersten Weltkrieg mit Erfolg auf der Leinwand. Dieser Erste

Weltkrieg, so die These des Kunsthistorikers Wilfried Wiegand in seinem Buch *Über Chaplin* (1978), verhalf der bereits berühmten Charlie-Figur zu Weltruhm und zur mythischen Verselbstständigung als internationales Symbol. Denn Charlie «The Tramp» lag im Film SHOULDER ARMS (GEWEHR ÜBER, USA 1918) ebenso mit der Waffe an der Front, setzte sich im Propagandafilm THE BOND (DIE ANLEIHE, USA 1918) für US-amerikanische Kriegsanleihen ein und schlägt dort als «Tramp» bereits den deutschen Kaiser nieder – auch wenn der reale Chaplin 1918 dafür kritisiert wurde, dass er, statt für die britische Armee gedient zu haben, sein pompöses Studio in Hollywood baute und mit Douglas Fairbanks, Mary Pickford und D. W. Griffith die United Artists gründete, um Hoheit über die eigenen Filme zu bekommen, wie es der Filmkritiker Richard Schickel in seiner Dokumentation CHARLIE: THE LIFE AND ART OF CHARLES CHAPLIN (2003) veranschaulichte.

Alte Wertesysteme waren ohnehin längst zertrümmert, und in den Schützengräben identifizierten sich viele Soldaten mit diesem Jedermann-Charlie und einer Figur, die sich schon bald von ihrem Schöpfer löste. Kostüm, Pantomime und die Geschichten des kleinen Mannes waren eine Art ‹optisches Esperanto›, das Menschen auf der ganzen Welt verstanden. Bald gab es frühe Merchandise-Artikel wie Comic-Strips und Figuren zu dieser Ikone, die im Grunde bis heute reißenden Absatz finden, so Wiegand. Der gute Freund, die Identifikationsfigur auf der ganzen Welt, trifft nun im Jahr 1940 auf den großen Diktator – und den Tonfilm. Um was geht es in THE GREAT DICTATOR? Chaplin spielt in einer Doppelrolle zum einen den namenlosen jüdischen Barbier, der im Krieg den Flieger Schultz aus Tomania rettet, dabei sein Gedächtnis verliert und erst wieder erwacht, als das Land von Diktator Hynkel beherrscht wird, der es erst von den Juden und dann von den Brünetten befreien will – Chaplins zweite große Rolle im Film. Danach beginnt das Katz- und Maus-Spiel im jüdischen Getto mit Hynkels stupid-brutalen Sturmtruppen, die den Barbier schließlich durch eine Verwechselung zum Führer machen. Wir sehen eine Parodie auf Adolf Hitler (als

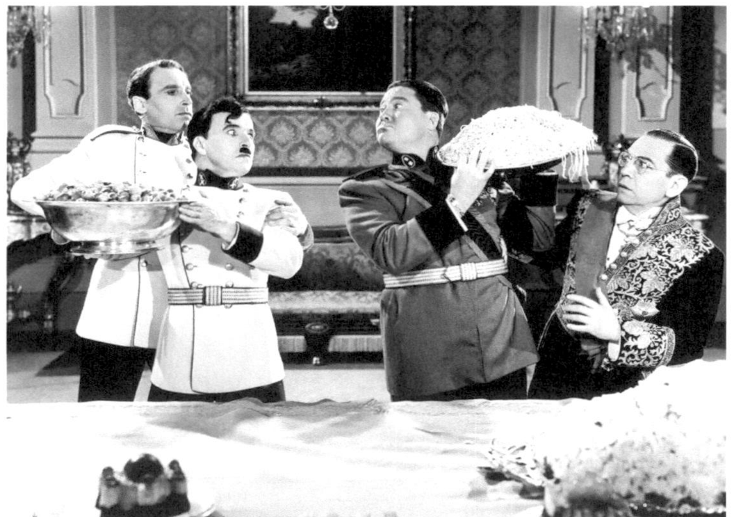

2 Das Herrisch-Böse wird zum Herrlich-Blöden in THE GREAT DICTATOR

Adenoid Hynkel), seinen Vertrauten Hermann Göring (als Herring), den Reichspropagandaminister Joseph Goebbels, im Film Dr. Garbitsch (englisch für Müll), auf den italienischen Diktator Benito Mussolini (als Benzino Napoloni), auf das Land Österreich (Osterlich), auf Salzburg (Bretzelberg), auf Deutschland (Tomanien) und auf Italien (Bacteria). Es ist eine historische Entdeckungsreise, bei der überall parodiert und reale Bezeichnungen eingebaut werden – eine Verballhornung des Herrisch-Bösen, das oft genug zum Herrlich-Blöden wird.

Chaplin und Hitler hatten, wie Chaplin selbst bemerkte, einiges gemeinsam: Sie waren in der gleichen Woche im April im Jahr 1889 geboren. Auch Hitler lebt einst als «Tramp», wohnungslos in Wien auf der Straße, und wollte ebenfalls Künstler werden; beide hatten ihre Heimat verlassen. Ihre Erscheinung mit dem schmalen Bärtchen und den dunklen Haaren war mit hoher Symbolkraft aufgeladen. Ihr Auftreten begeisterte die Massen, ihre Auftritte waren bis ins Detail durchinszeniert und

beide glaubten an die Macht des Films. Nur – so sagte Chaplin einst – ‹Charlie› habe es bereits viel früher als die ‹Hitler-Figur›, wie man sie kennt, gegeben. Und so kommt es uns heute vor und war von Chaplin auch so intendiert, als ob nicht er Hitler imitierte, sondern umgekehrt. Doch Hitlers schärfste Waffe bei der Verführung der Massen waren nun einmal Sprache und Tonfall, während es bei Chaplin im Gegensatz dazu eigentlich die Pantomime war. Kann also die mythische Stummfilm-Charlie-Figur überhaupt eine Parodie auf Hitler leisten?

City Lights (Lichter der Grossstadt, USA 1931) war der letzte «Tramp»-Film ohne gesprochene Sprache, doch bereits mit experimentellen Tonelementen. Danach folgte Modern Times (Moderne Zeiten, USA 1936), eine Parodie über die Industrialisierung, Massenarbeitslosigkeit und den Industriellen Henry Ford, der ein Hitler-Sympathisant und Antisemit war. Daher sah Sergej Eisenstein bereits in einem Artikel im Jahr 1939 «erste suchende Schritte» bei Chaplin, um gegen die faschistische Aggression vorzugehen. Modern Times, in dem Charlie ‹aus Versehen› mit der roten Fahne die Kommunisten anführt, brachte ihn mit auf die rote Liste der kommunistischen Verfolgung nach dem Zweiten Weltkrieg in der McCarthy-Zeit.

Modern Times war aber auch eine Satire auf den Tonfilm, in der nur mit einem nicht zu verstehenden Kauderwelsch gesprochen wird, während umso eindrucksvollere Bilder und Metaphern auf die Ausbeutung der Arbeiter entstanden. Wer kennt nicht die Szene vom «Tramp» als Akkordarbeiter, der selbst ins Zahnrad einer Maschine gerät? In The Great Dictator hört man gleich zu Anfang Chaplin ausführlich als Diktator Adenoid Hynkel in einer atemberaubenden Fantasiesprache wettern. Sie wird «Grammelot» oder «Grummelot» genannt, wie sie öfters auch in Theaterstücken der Commedia dell'arte, in Comics oder eben im Film, etwa von Jacques Tati, verwendet wird. Chaplin improvisierte hier laut seiner Tochter Geraldine Chaplin die Szenen und kombinierte einzelne echte deutsche Worte wie «Wiener Schnitzel», «Sauerkraut» oder «Blitzkrieg» mit Kunstworten wie «Schtonk»

als Synonym für «Abschaffen». Helmut Dietl griff dieses Wort in seinem Film über die gefälschten Hitler-Tagebücher (SCHTONK, D 1992) wieder auf. In Gesten, Mimik und Tonfall ahmt Chaplin als Hynkel die aggressiven Hitler-Ansprachen aus den Wochenschauen nach und transportiert dabei anschaulich die Leere und zugleich die Brutalität, die in diesen Ansprachen steckte.

Diese Brutalität durchzieht den ganzen Film. Als Vorbild dienten Leni Riefenstahls TRIUMPH DES WILLENS (D 1934), die Novemberpogrome von 1938 oder Bilder aus Hitlers Büro, das von Albert Speer gestaltet wurde. Auf den Bildern befand sich auch der Globus, mit dem Hynkel im Film seinen legendären Tanz zu Wagners *Lohengrin* aufführt, bei dem jede Bewegung genauestens einstudiert wurde. Rhythmus und Tanz durchziehen dabei den ganzen Film, in dem Slapstick durch Körpereinsatz ebenso wie in Kombination mit Musik und Sprachspielen zum Tragen kommt.

Nach dem ‹Anschluss› Österreichs an Hitler-Deutschland 1938 und dem Hitler-Stalin-Pakt holt die Kriegsrealität den Film jedoch unsanft ein. 1939 kam es zum sogenannten Blitzkrieg in Polen, und Hitler stand bereits in Paris, sodass kein Happy End in Aussicht war und Chaplin immer wieder nachdrehen ließ. Dies führte schließlich zum unvergesslichen Friedensappell des kleinen Barbiers auf der Weltbühne, das plötzlich zum flammenden Friedensplädoyer des echten Charles Chaplin wird. Er wendet sich mit seinem Glaubensbekenntnis ganz am Schluss an die Heldin Hannah, gespielt von seiner Ehefrau Paulette Goddard. Doch es ist zugleich auch Chaplins Gedenken an seine geliebte Mutter Hannah, die ihn immer wieder zum Schauspiel ermutigt hatte, an dem er uns teilhaben lässt. Chaplin hatte es nun geschafft. Er veröffentlichte THE GREAT DICTATOR nach 559 Drehtagen im Jahr 1940 endlich mit einer Friedensbotschaft an die Welt. Doch seine Hoffnungen wurden enttäuscht. Zwei Jahre nach der Premiere traten auch die USA in den Weltkrieg ein.

Der Film löste bei Erscheinen ein geteiltes Echo aus. Der Antisemitismus hatte auch die USA erreicht, da viele Juden vor dem

faschistischen Regime in die USA geflohen waren und nicht überall mit offenen Armen empfangen wurden. Hollywood-Studios wollte auch zu diesem Zeitpunkt mit Deutschland weiter Geschäfte machen. Chaplin finanziert den Film daher mit United Artists selbst. Er wurde von den Nazis immer für einen Juden gehalten, der er nicht war, dies aber auch nicht richtigstellte. Dafür war seine Hauptdarstellerin und damalige Frau Paulette Goddard Halbjüdin, sodass er auch hier einen ganz persönlichen Grund für seine Kriegserklärung gegenüber dem realen Hitler hatte. THE GREAT DICTATOR polarisierte: Für die einen war Humor das einzige Mittel, um gegen Totalitarismus vorzugehen. Der tschechische Regisseur Milos Forman sagte in der Dokumentation von Richard Schickel: «Wenn die Alliierten uns Tschechen physisch befreiten, dann befreite uns Charlie Chaplin geistig.» Für andere stellte der Film eine Verharmlosung oder gar Bedrohung dar. Jüdische Produzierende hatten Angst, dass es nach dem Chaplin-Film für Juden durch weitere Repressionen noch schwieriger würde, auch in den USA. Im Nachhinein gestand auch Chaplin ein, dass ihm zum damaligen Zeitpunkt noch nicht alle Grausamkeiten Hitlers bekannt waren, sonst hätte er den Film wohl nicht gemacht.

Wie bereits der Erste Weltkrieg heizte auch der Zweite Weltkrieg die Karriere von Chaplin an. THE GREAT DICTATOR wurde zu seinem größten finanziellen Erfolg, obwohl der Film während des Krieges in Europa und Irland zeitweise verboten war. Doch mit dem Kriegsende wendete sich das Blatt auch in den USA. Durch seine Filme MODERN TIMES und THE GREAT DICTATOR sowie seine politischen Statements geriet Chaplin 1952 in der Ära von Senator Joseph McCarthy ins Fadenkreuz der Republikaner, die angebliche kommunistische Strömungen auch in der Filmbranche stoppen wollten. Chaplins zahlreichen Liebesbeziehungen zu minderjährigen Mädchen wurden dabei unter anderem ins Feld geführt – ein Kapitel, was man heute ebenfalls kritischer sehen würde. So musste der einstige Einwanderer, der in den USA zum Weltstar wurde, 1952 das Land verlassen, da ihm nach

einem Besuch in Europa die Rückkehr verweigert wurde. In seiner einstigen Heimat London begrüßte man Chaplin dafür mit donnerndem Applaus. Bis zu seinem Tod 1977 lebte er in der Schweiz, wo er von der dortigen Bundespolizei bis zu seinem Tod ebenfalls bespitzelt wurde, wie es *die tageszeitung* 1995 berichtete.

Auch wenn einem das Lachen oft im Hals stecken bleibt, wenn es in Filmen um grausame Lynchjustiz oder KZs, Größenwahn oder Rassenhass geht, so liegt in THE GREAT DICTATOR auch mehr als 80 Jahre nach Erscheinen eine hochaktuelle und sehenswerte Satire vor. Wie nah scheint der Film am Kriegstreiben von Putin in der Ukraine, seiner Annexion der Krim, seinen Allmachtsfantasien, seinem Palast auf 18.000 Quadratmetern mit eigener Kunsteis-Arena direkt am Schwarzen Meer und der medialen Propaganda-Flut, die auf das russische Volk einströmt, zu sein. Wie würde er eine solche Satire über sich selbst aufnehmen? Wäre sie heute ein probates Mittel, um gegen Putin – auch im eigenen Land – vorzugehen? Chaplins Verhältnis zum Krieg hat jedenfalls nicht nur viel mit dem Krieg in den Menschen seiner Zeit zu tun, sondern auch mit dem Krieg um und in uns. THE GREAT DICTATOR berührt noch heute. Er löst starke Emotionen aus und – was am wichtigsten ist – er lässt uns nicht vor dem Krieg und seinen Treibern wegsehen und ist damit ein Gewinn für jeden Kino-Spielplan.

2 Bloß keine Illusion schaffen

HIROSHIMA, MON AMOUR von Alain Resnais

Wenn man sich mit der *Nouvelle Vague* und ihrem zeitgenössischen Blick auf den Atomkrieg beschäftigt, kommt man vorher an dieser Frage nicht vorbei: Gab es überhaupt eine *Nouvelle Vague*? «Non!» lautete im August 1959 in einer Interviewreihe der Zeitung *Le Monde* die einstimmige Antwort französischer Filmkünstler:innen, darunter Alain Resnais (Temple/Witt 2018). Erst zwei Jahre zuvor hatte das Magazin *L'Express* den Begriff «Nouvelle Vague» geprägt, um das jugendliche Lebensgefühl einer Generation, die zwischen den Weltkriegen geboren war und gerade dabei war, die Kultur in Frankreich zu revolutionieren, auf eine griffige Formel zu bringen – alles war «neu», im Theater, in der Musik, im Roman und im Film. Da passte die «Neue Welle» gut als mediales Etikett (Frisch 2007). Im April 1959 hatten es gleich drei ihrer Vertreter in die Wettbewerbsauswahl des Filmfestivals in Cannes gebracht – eine Sensation! Mit dabei war das Spielfilm-Debüt von Alain

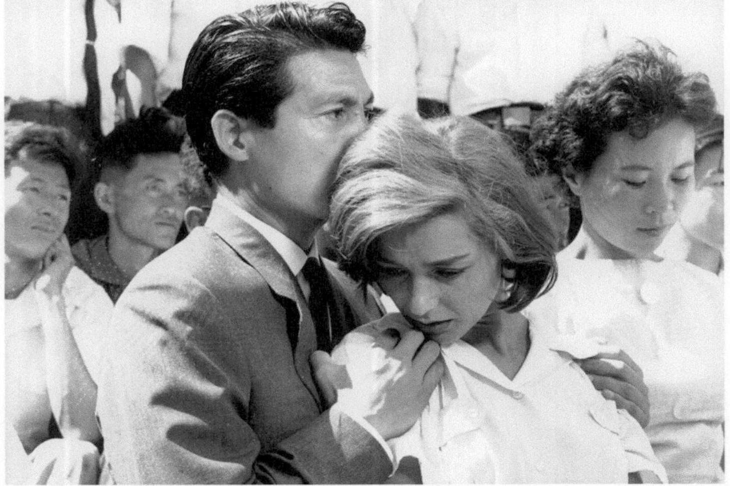

3 Zwei moralische Katastrophen der Weltgeschichte und zwei unmoralisch Liebende: Eiji Okada und Emmanuelle Riva in HIROSHIMA, MON AMOUR

Resnais, HIROSHIMA, MON AMOUR (F/J 1959), über das Éric Rohmer im gleichen Jahr im Gespräch mit fünf anderen Kritikerkollegen sagte: «Ich glaube, in ein paar Jahren, in zehn, zwanzig oder dreißig Jahren werden wir wissen, ob HIROSHIMA, MON AMOUR der bedeutendste Film der Nachkriegszeit, das erste moderne Werk des Tonfilms war.» («Hiroshima, notre amour», *Cahiers du Cinéma* 97/1959).

Den Preis der Filmkritik «Prix Méliès» gab es noch im gleichen Jahr, auch wenn die Festivalleitung in Cannes auf Beschwerde der USA aus diplomatischen Gründen entschieden hatte, den Film nur außerhalb des Wettbewerbs zu zeigen (Keller 2023). Eine «Oscar»-Nominierung folgte ein Jahr danach für das Drehbuch von Marguerite Duras. Und noch Jahrzehnte später arbeiteten sich zahlreiche Film- und Kunstwissenschaftler:innen im theoretischen Diskurs an seinem wirkmächtigen Werk über die Wucht des praktisch Unaussprechlichen und Unzeigbaren ab: die Atombombe und die Liebe. Eben diese Zwischenkriegsge-

neration in Frankreich, zu der auch Alain Resnais (Jahrgang 1922) gehörte, war es, die Ende der 1950er-Jahre demonstrativ auf die gesellschaftlichen Trümmer des Zweiten Weltkriegs zeigte. Die unheilvollen Abwürfe der amerikanischen Atombomben auf Hiroshima und Nagasaki im August 1945 hatten zur Kapitulation Japans gegenüber den USA geführt. Der Weltkrieg war nun endgültig für beendet erklärt. Doch in seiner Folge hatten sich bereits weitere kriegerische Konflikte in China, Korea, Vietnam und Indonesien entzündet. An den beiden Letzteren war auch Frankreich als Kolonialmacht beteiligt. Der heiße ‹Kalte Krieg›, seine Stellvertreterkriege in Südostasien, die Systemkonfrontation von Kapitalismus und Kommunismus und das atomare Aufrüsten der Großmächte waren in vollem Gange – ein Umstand, der noch heute die Welt in Atem hält. Dieses Spannungsfeld traf in Frankreich in den Augen der engagierten jüngeren Generation auf eine weitestgehend erstarrte Gesellschaft, die den Krieg einfach nur vergessen wollte und stur in ihren bewährten Strukturen verharrte.

«Non!» – so klar wie das Nein zum flüchtigen Etikett des ‹Neuen›, war auch das programmatische Statement junger Filmkünstler:innen gegenüber dieser Verkrustung in der Kultur. So wetterte die bekannteste Gruppe der *Nouvelle Vague* um ihre geistigen Väter André Bazin und Alexandre Astruc in den legendären *Cahiers du Cinéma* als Filmkritiker gegen die Behäbigkeit der Studiofilme im französischen Qualitätskino, was einer ganz eigenen Kriegserklärung gleichkam. Gleichzeitig brachten sie das Kino durch ihre schnell auf der Straße gedrehten, ästhetisch reizvollen Spielfilme und eigener, anfangs weitestgehend unpolitischer Handschrift selbst in Bewegung. Zu dieser Gruppe an Regisseuren zählten allen voran François Truffaut und Jean-Luc Godard sowie Claude Chabrol, Jacques Rivette und Éric Rohmer, deren Filme auch heute noch ein breites Publikum finden.

Heute weniger im großen Kino zu Hause, dafür umso eindringlicher bei ihrer Wiederentdeckung sind die politisch motivierten *Nouvelle Vague*-Werke der sogenannten «Rive Gauche»

von der linken Seite der Pariser Seine, vor allem Alain Resnais, Chris Marker und Agnès Varda sowie Vertreter:innen des *Nouveau Roman* wie Marguerite Duras und Alain Robbe-Grillet. Diese Gruppe richtete sich schon früh politisch weiter links aus. Ihr experimenteller philosophisch-dokumentarischer Blick auf kriegerische und gesellschaftliche Konflikte ließ die Filmkritik bereits damals aufhorchen. Ihre Werke gewinnen heute im Zuge des Angriffskrieges der Atommacht Russland sowie der ideologischen Spannungen zwischen China und den USA traurige Aktualität und sollten uns gerade jetzt genau hinschauen lassen. Der eingefleischte Marxist Chris Marker verortete die Handlung seines dystopischen Fotopoems LA JETÉE (AM RANDE DES ROLLFELDS, F 1962), Vorbild für Terry Gilliams Spielfilm TWELVE MONKEYS (USA 1995), kurzerhand in einem fiktiven dritten Weltkrieg.

Den Höhepunkt seiner Auseinandersetzung mit dem Krieg bildet Resnais' Spielfilmdebüt, die französisch-japanische Koproduktion HIROSHIMA, MON AMOUR über die Affäre einer verheirateten französischen Schauspielerin (Emmanuelle Riva) mit einem ebenfalls verheirateten japanischen Architekten (Eiji Okada), dem sie beim Filmdreh über den Atombomben-Abwurf in Hiroshima begegnet. Die nur einen Tag und eine Nacht dauernde intensive erotische Begegnung wird zugleich zur verkörperten Erinnerung an ihre Kriegstraumata am Ende des Zweiten Weltkriegs: Er verliert im japanischen Hiroshima seine Familie. Sie wird im französischen Nevers nach dem Verrat an ihrem deutschen Besatzerfreund von französischen Patrioten in einen Keller verbannt. Zur Strafe demonstrativ vorgeführt und geschoren, ist sie haarlos wie die vielen Japaner:innen, die aufgrund der Radioaktivität nach dem Atombombenabwurf ihre Haare verloren. Am Ende des Films stehen die beiden vor der Wahl, zusammenzubleiben oder sich wieder zu trennen. Zwei moralische Katastrophen der Weltgeschichte eingebrannt in die Körper zweier unmoralisch Liebender und ihre unauslöschlichen Narben: Sie: «Hiroshima, das bist du.» Er: «Und du bist Nevers. Nevers in Frankreich.» Wie kann man sich der Obszönität

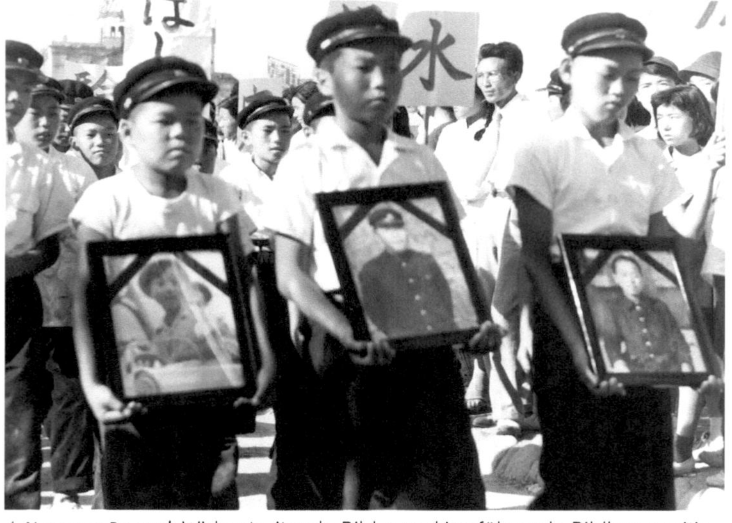

4 *Nouveau Regard:* Widerstreitende Bilder und irreführende Bildkompositionen bei HIROSHIMA, MON AMOUR

des Krieges, dessen kollektiven und individuellen Wunden weder Reenactments, Friedensdemonstrationen noch Museumsausstellungen gerecht werden können, überhaupt filmisch annähern, ohne selbst obszön zu werden? Das gelingt dem Film, indem er sich von seinen eigenen Unzulänglichkeiten der bildnerischen Repräsentation befreit (Winter 2007). Bloß keine Illusion schaffen, wie es im Gegensatz dazu der Film im Film versucht, an dem die Schauspielerin zur Erinnerung an die Bomben auf Hiroshima und Nagasaki arbeitet. Es bleiben Off-Kommentare mit unzuverlässigen Erzählern, die sich permanent widersprechen: Er: «Du hast nichts gesehen in Hiroshima. Nichts.» Sie: «Ich habe alles gesehen. Alles.» Wer spricht da überhaupt? Der Mann und die Frau, die sich dort gerade lieben? Sind es Dialoge oder Monologe?

Konsequent führt auch die Bildkomposition in die Irre, setzt anfangs dokumentarische Aufnahmen inszenierten Bildern entgegen und bürstet sie gleichzeitig schmerzhaft gegen den

Strich: Den Liebkosungen auf nackter Haut folgt die Montage von realen Brandopfern des Atomkriegs aus Wochenschauen. Der Staub auf der feuchten Haut der L(i)ebenden wird dabei zur Asche der Toten. Liebe, darin steckt das Leben. Größer könnte der Kontrast zu den Kriegstoten kaum sein. Diese Schnitttechnik der widerstreitenden Bilder von Lust und Leid, Tod und Leben, Vergangenheit und Zukunft geht unter die Haut. Sie erschrecken, ohne jedoch abzuschrecken. Auch die Opposition der traditionellen japanischen Stadt und seiner modernen Internationalisierung (Mareš 2021) mit seinem «Hotel New Hiroshima» oder dem «Cinema Ritz» werden in lakonischen Schwarz-Weiß-Bildern fotografiert (Kamera: Michio Takahashi und Sacha Vierny) und fangen den Verlust der kulturellen japanischen Identität zugunsten des schnellen Wiederaufbaus und der westlichen Öffnung ein.

Resnais konnte dabei stilistisch auf seine Erfahrungen im Schnitt für Agnès Vardas semi-dokumentarischen Debütfilm LA POINTE COURTE (F 1954) zurückgreifen, dem kunstvollen Beginn der *Nouvelle Vague*, dem durch Verleihprobleme eine größere Öffentlichkeit zunächst verwehrt blieb. Dieser stilistische Trumpf ist es, den HIROSHIMA, MON AMOUR ausspielt und damit noch heute bestechen kann: Er lässt uns mit der Melancholie eines *Film noir* mit Reverenz gegenüber CASABLANCA (USA 1942) von Michael Curtiz und der assoziativen Distanz einer *Faux Documentaire* gebannt auf die Leinwand schauen. Durch seine Selbstreflexivität schafft er eine kritische Distanz gegenüber der Fiktion wie dem Dokumentarischen gleichermaßen, bleiben sie beide doch nur unzulängliche filmische Konstruktion. Der *Nouveau Regard* der *Nouvelle Vague* ist dabei im wahrsten Sinne der Dreh- und Angelpunkt – ob beim Blick der Protagonistin in den Spiegel, den *Jump Cuts* in die Gegenwart oder den *Flashbacks* in die Vergangenheit. Dieser neue Blick wird bei Resnais zum Schlüssel für die Prozesse des Erinnerns und Vergessens (Winter 2007) – und das in all den Ambivalenzen, die das Medium Film bietet. Soll man sich erinnern? Was soll man erinnern?

Oder doch besser vergessen; ist doch das Vergessen für die Liebe essenziell? Aber beginnt nicht der Krieg dort, wo die Liebe (wieder) aufhört? Deswegen bleibt das Erinnern so wichtig, um Kriege zu verhindern. Und dafür sorgt dieser Film noch heute. 1959 wurde das Kino in Frankreich dem Kulturministerium zugeteilt und erfuhr damit endlich institutionelle Anerkennung als Kulturgut (Frisch 2007). Auch hierzu haben sicher die Qualität, Originalität und Eindringlichkeit von HIROSHIMA, MON AMOUR mit beigetragen. Dem damaligen Kulturminister André Malraux galt er als der schönste Film, den er jemals gesehen habe (Landrot 2015/2020). Das Kino kann nur so gut sein, wie die Filme, die es zeigt. Dieser Film hebt definitiv das Niveau. Er gehört gerade jetzt auf den Spielplan von guten Filmkunstkinos, die sich angesichts der aktuellen politischen Lage filmkünstlerisch positionieren wollen. Nicht nur Rohmer und Malraux hätten sich darüber sehr gefreut.

3 Angst als (un)moralischer Motor

APOCALYPSE NOW von Francis Ford Coppola

Es ist die nackte Angst, auf die man bei der Recherche zu APOCALYPSE NOW immer wieder trifft, fast so, als wäre die Filmcrew selbst im Krieg gewesen: Die Angst vor den massiven Regenfällen im philippinischen Dschungel. Die Angst vor den kriegerischen Konflikten im Land während der Dreharbeiten. Die Angst, nach zu viel Drogen, Ausschweifungen und Improvisation den Verstand zu verlieren. Die Angst von Marlon Brando vor dem Versagen. Die von Martin Sheen, seinen Herzinfarkt nicht zu überleben. Die Angst der Coppolas, durch die ausufernden Kosten Hab und Gut zu verlieren. Die Angst des Sound- und Schnittmeisters Walter Murch schließlich vor dem gigantischen Konvolut an Aufnahmematerial, das für die immer neuen Schnittfassungen in den 40 Jahren danach gesichtet werden musste. Die Angst regierte die Beteiligten bis zuletzt

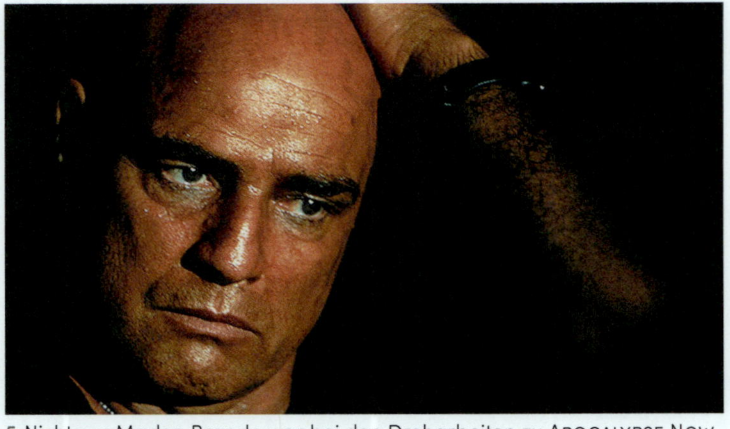

5 Nicht nur Marlon Brando war bei den Dreharbeiten zu APOCALYPSE NOW von Angst getrieben

und war zugleich das bestimmende inhaltliche Filmmotiv von APOCALYPSE NOW (USA 1979) – dem finsteren Herzensprojekt von Francis Ford Coppola über den verlorenen Vietnamkrieg der Amerikaner und Albtraum seiner eigenen Generation.

Mit seinem Fokus auf den Wahnsinn des Krieges, der Menschen in psychische Ausnahmesituationen bringt und ebenso Teil des filmischen Entstehungsprozesses war, wirkt das Werk auch heute noch Furcht einflößend. Filmemachen als Prozess der Angst, der die Ästhetik über alles andere stellt. Rechtfertigt das Thema Krieg derartige Methoden? Vorgaben für Green Shooting, Tierschutz, Nachhaltigkeit und Sicherheit am Set hätten eine solche Produktion aktuell wohl deutlich erschwert, auch wenn ausgeprägte Angstszenarien auch heute noch oft genug zu belastenden Begleitern von Filmproduktionen werden. «Meine größte Angst war, einen beschissenen, peinlichen Film zu machen, der zu einem 20-Millionen-Dollar-Desaster wird», rechtfertigte sich Coppola, der die Produktion mit dem Making-of HEARTS OF DARKNESS (REISE INS HERZ DER FINSTERNIS, USA 1991) minutiös von seiner Frau Eleanor Coppola dokumen-

tieren ließ. Auch wenn sich die Produktionskosten sogar verdreifachen sollten, rechnete sich APOCALYPSE NOW am Ende doch: Er spielte weltweit ein Vielfaches seiner Kosten ein und wurde mit zwei Academy Awards, drei Golden Globes sowie der Goldenen Palme ausgezeichnet. Er zählt zum Höhepunkt der auslaufenden *New Hollywood*-Ära, in der jüngere US-amerikanische Autorenfilmer bereits seit Ende der 1960er-Jahre filmkünstlerisch starke Akzente setzten. Ein Film mit einem solchen kritischen politischen Statement? Da wollten die etablierten Studiobosse lieber die Finger von lassen. Anders Coppola, der fast ein Jahrzehnt brauchte, um diesen Film zu realisieren. Heute würde man Coppolas Angst wohl mit dem *Impostor-Syndrom* erklären – der Angst, als Hochstapler enttarnt zu werden und komplett zu versagen. Die Messlatte hatte er sich ja auch sehr hochgesteckt, da er sich beängstigenden Superlativen stellte: Der Krieg in Vietnam, in dem die USA nach ihrem Kriegseintritt 1965 bis zu ihrer Niederlage 1975 vergeblich gegen den Kommunismus kämpften, gilt als größtes Desaster der US-Geschichte. Es war bis dato Amerikas längster Krieg mit rund 60.000 Toten, über 300.000 Verletzten, einer hohen Selbstmordrate und bis zu geschätzt 800.000 oftmals jugendlichen Veteranen, die an posttraumatischen Störungen litten. Denn das Durchschnittsalter in der Truppe war nur 19 Jahre. Viele davon waren People of Color, oft arm und kaum gebildet. Sie konnten sich der Wehrpflicht, durch die 2,7 Millionen US-Amerikaner als Soldaten nach Vietnam geschickt wurden, nicht entziehen (Steininger 2020). Coppola (Jahrgang 1939) wollte einen Film über genau dieses kollektive Schockerlebnis seiner eigenen Generation machen und zeigen, wie aus seiner Sicht der Krieg für die GIs wirklich war: nämlich irrsinnig und traumatisierend, drogengeschwängert und sinnlos. Das Trauma einer verlorenen Jugend Ende der 1960er-Jahre in halluzinierenden Traumbildern eines psychedelischen Rock'n'Roll-Kriegs, der mit dem gewalttätigen ‹Culture Clash› in Vietnam die kaugummibunte Popkultur von Beach Boys, Disneyland und Playmates ad absurdum führt.

Und was konnte sich als Vorlage besser eignen, als sich einen weiteren Superlativ der Literaturgeschichte einzuverleiben, um die gigantische Fehleinschätzung der USA gegenüber den vermeintlich leicht zu schlagenden Vietkongs künstlerisch zu verarbeiten: *Heart of Darkness* (*Herz der Finsternis*, 1899), Joseph Conrads düster erzählte Flussfahrt durch Afrika auf der Suche nach dem Elfenbeinhändler Kurtz und seinem Schattenreich, die zur persönlichen Erweckung des Seemanns Charles Marlow und zur mystischen Abrechnung mit den ausbeuterischen westlichen Eindringlingen in den Urwäldern wird. Sie zählt noch heute zu den meisterforschten Erzählungen der englischsprachigen Prosa und stellt die maßgebliche Referenzliteratur für die Debatte über den Postkolonialismus dar (Lorenz 2018). Bis dato gab es erst eine Fernsehverfilmung des Stoffes von 1958 mit Boris Karloff als Colonel Kurtz, die im Rahmen der ambitionierten Drama-Anthologie PLAYHOUSE 90 entstand. Orson Welles hatte 1939 versucht, sich selbst als Colonel Kurtz in Szene zu setzen. Doch sein Budget reichte lediglich für eine Radioadaption im Jahr 1945. Auch Werner Herzog ließ sich in AGUIRRE, DER ZORN GOTTES (D/MEX/PE 1972) von Conrads Vorlage inspirieren und schickte seine spanischen Konquistadoren mit Klaus Kinski an der Spitze drogengeschwängert in die Sümpfe des peruanischen Dschungels. Herzog schonte dabei ebenso wenig seine Mitarbeitenden, die indigenen Statisten oder sich selbst und schuf so ein weiteres ambivalentes Beispiel für das Filmspiel mit der Angst vor den Urvölkern. Auch Coppola wollte sich dieses Giganten der Literaturgeschichte annehmen und damit das Monströse des Krieges bezwingen, koste es, was es wolle. Sein Colonel Kurtz, das konnte nur Marlon Brando sein, sein Mafia-Pate aus THE GODFATHER (DER PATE, USA 1972), der allerdings nun mindestens drei Millionen Dollar Gage haben wollte. Die Gewinne aus THE GODFATHER und seiner Fortsetzung 1974 machten es schließlich möglich. Das Drehbuch von John Frederick Milius war zwar bereits seit Jahren fertig, wurde jedoch von Coppola bis kurz vor Dreh immer wieder überarbeitet – eine Form der

Improvisation, die zu dramatischen Erschöpfungszuständen bei den Dreharbeiten führte.

Das Setting von APOCALYPSE NOW ist Vietnam 1969. Die Flussfahrt von Marlow wird zur umnebelten Purple-Haze-Patrouillenbootstour von Captain Willard (Martin Sheen), der den Auftrag erhält, unter strenger Geheimhaltung die Spur des abtrünnigen Kriegshelden Colonel Kurtz (Marlon Brando) bis nach Kambodscha zu folgen und ihn dort auszuschalten, da dessen Methoden «unsound» für die Armeespitze geworden sind – bedenklich, unzuverlässig und ungesund. Auf seiner Tour de Force begegnet Willard dem personifizierten Wahnsinn und einer westlichen Kriegskultur, die dem Urkult des Feindes nicht standhalten kann: Lieutenant Colonel Bill Kilgore (Robert Duvall) lässt seine Männer vergeblich versuchen, mitten im Bombenhagel zu surfen. High-Tech-Hubschrauber, die im vernichtenden Luftkrieg mit Richard Wagners «Ritt der Walküren» aus ihren Lautsprechern beim Feind Angst und Schrecken auslösen sollen, hängen nach einer ruhmlosen Bodenschlacht deformiert in den riesenhaften Bäumen. Französische Kolonialisten aus dem Indochina-Krieg verlieren sich nach ihrem altmodisch-herrschaftlichen Diner auf ihrer Plantage im Opium-Rausch. Vier junge Soldaten auf einem Geleitboot, die grausame Massaker anrichten, werden am Ende selbst psychisch oder körperlich in Guerilla-Manier massakriert. Es sind Szenen, die den realen Wahnsinn in Vietnam zum Vorbild hatten.

Wie fühlt sich Krieg an? Wie hört sich Krieg an? An welchem Punkt zerbricht ein Mensch in einem solchen Krieg? Wo berührt er heute eigene Tabus, wenn es um die Inszenierung von Krieg geht? Bereits die blutige Ouvertüre des Films gibt ihre ganz eigene kontroverse Antwort darauf. Kunstvoll werden zum einen zentrale Motive des Films wie eine unheilvolle Vision in- und übereinander montiert und lassen eine hypnotisierende Bildästhetik entstehen. Grüne Palmenfelder, die nach schmutzig-gelbem Napalm-Abwurf aus Armee-Hubschraubern von der martialischen Feuersbrunst aufgefressen werden. Die umge-

drehte Großaufnahme des schwitzenden Gesichts eines erstarrt blickenden Captain Willards, dessen vermeintliches Heldentum damit gleich zu Anfang auf den Kopf gestellt wird. Die Säule des Tempels, in dem er später dem charismatischen Kurtz begegnen wird – der unvergesslichen Paraderolle für den körperlich zum Buddha geratenen Brando. Auf seinem Nachttisch Fotos der zurückgelassenen Familie, Alkohol, Zigaretten, Tabletten und die Kriegswaffe direkt am Bett als Ingredienzen seiner Albträume. Dazu die Todeshymne «The End» von den Doors aus dem Jahr 1967, überlagert vom bedrohlichen, elektronisch verfremdeten Rotoren-Klang der Armee-Hubschrauber als Pulsfrequenz. Nicht umsonst erhielten Walter Murch, Mark Berger, Richard Beggs und Nat Boxer für diese Soundkulisse des Films den «Oscar» für den besten Ton. Durch den ikonischen Jump-Cut wird das monotone Rotor-Geräusch des Hubschraubers zum Deckenventilator von Willards jalousieverhangenem Hotelzimmer in Saigon, in dem er gleich psychotisch um sich schlagen wird. Es ist eine Szenerie wie aus einem Neo-Noir-Film mit Willard als unzuverlässigem Off-Erzähler, der zum fließenden Soundhintergrund beiträgt. Am Ende schließlich wird an seinem Gesicht der ganze Horror, das Blut, der Dunst und der Schlamm des dreckigen Kriegs kleben, wenn er synchron zum archaischen Wasserbüffel-Ritual den vermeintlichen Mörder Kurtz wild abschlachtet und danach die eigenen Waffen niederlegt. Kameramann Vittorio Storaro wurde für seine Bildkomposition mit dem Academy Award ausgezeichnet und Lisa Fruchtman, Gerald B. Greenberg, Walter Murch sowie Richard Marks erhielten eine Nominierung für den besten Schnitt.

Es ist eine gelungene ästhetische Verdichtung, die zugleich die Problematik dieser analogen Produktion auf den Punkt bringt. Es sind die aus heutiger Sicht absoluten ‹No-Gos› im Umgang mit Mensch und Natur bei den Dreharbeiten: Echte Bomben, die sowohl einen riesigen Küstenwald in Sekunden abfackelten, als auch die Unterwasserwelt davor zerstörten, nur um den Horror-Effekt des US-Angriffs nachzubilden. Ein mit Dro-

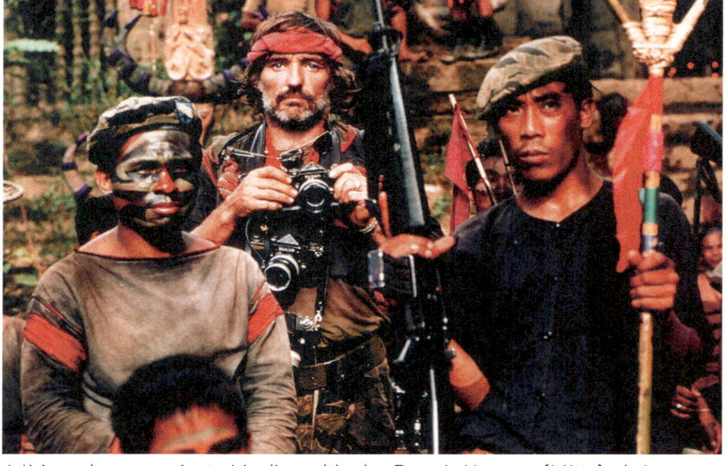

6 Krieg als pervertierte Medienschlacht: Dennis Hopper (Mitte) als irrer Kriegsfotograf in APOCALYPSE NOW

gen und Alkohol zugepumpter Martin Sheen, der sich im Rausch mit blutigen Händen bis zur Besinnungslosigkeit entäußerte und dabei hemmungslos von der Kamera gefilmt wurde. Ein Rind, dem bei lebendigem Leib der Kopf abgehackt wurde. Ein Filmsetting, das ohne Rücksicht in den Dschungel gehauen und am Ende wieder in die Luft gesprengt wurde. Stundenlang bis zum Hals eingegrabene Statisten, nur um realistisch anmutende Totenschädel in einem kurzen Schwenk zu filmen. Eine Filmcrew, die sich am Rande ihrer geistigen und körperlichen Kräfte selbst wie die feindlichen GIs in Vietnam fühlte und dies mit Drogen kompensierte.

1979 in einer marktkonformen Schnittfassung von 153 Minuten in Cannes uraufgeführt und 2000 in der kritisch aufgenommenen Redux-Version um rund 50 Minuten ergänzt und umgeschnitten, gab sich der Regisseur erst vier Jahrzehnte nach den Dreharbeiten mit dem 4k-Final-Cut von 183 Minuten wirklich zufrieden. Aber wenn es um die «Verwirklichung von Coppolas künstlerischer Vision», wie seine Frau die Grenzverletzungen

beim Produktionsprozess verherrlicht, und der eigenen Mythologisierung geht, ist wenig Selbstkritik zu hören. Und doch gibt es Momente der Selbstreflexion in APOCALYPSE NOW, wenn der Regisseur ein Cameo von sich als sensationsgierigem Kriegsberichterstatter einbaut und sich damit der Kritik an der medialen Inszenierung stellt – ein Thema, das angesichts der Berichterstattung über aktuelle Kriegsgeschehen in der Ukraine, Israel oder Syrien noch heute eine heikle Frage darstellt. Am Ende bleibt im Film nur ein einziger durchgedrehter Kriegsfotograf (Dennis Hopper) übrig, der auch mit fünf Fotoapparaten bewaffnet der pervertierten Medienschlacht des Krieges nicht mehr standhalten kann. In der Schlacht der Bilder haben sich Coppola und sein Team dagegen erfolgreich geschlagen, auch wenn ihre eigenen Methoden bei den Dreharbeiten ebenfalls oftmals «unsound» anmuten. Dies führt zu einer beängstigenden Aktualität, die APOCALYPSE NOW gerade jetzt zu einem ergiebigen Kinoerlebnis macht und viel Stoff für Diskussion gibt: über psychedelisch-psychotische Bildästhetik, machtvolle Sounddesigns, eindrucksvolles *Method Acting*, die Inszenierung kriegsbedingter Doppelmoral, ihre Grenzverletzung bei Filmproduktionen und natürlich der Frage: Wie hoch darf sie hängen, die Messlatte für die künstlerische Freiheit als Motor im Kampf gegen den Krieg und die eigene Angst?

4 Alles beim «Alten»?

DAS BOOT (Director's Cut) von Wolfgang Petersen

1981 war das Jahr, an dem mein Vater nach mehr als zwanzig Jahren wieder ein Filmtheater betrat. Feierlicher Anlass war das westdeutsche Kinoereignis des Jahres: DAS BOOT von Wolfgang Petersen, die Verfilmung des gleichnamigen Bestsellers von Lothar-Günther Buchheim. Als Kriegsberichterstatter der deutschen Propaganda-Kompanie hatte Buchheim im Zweiten Weltkrieg mehrere U-Boot-Fahrten begleitet und seine Erlebnisse zur fiktiven Geschichte des realexistierenden Schiffs U96 verdichtet. Er brachte damit im Jahr 1973 die längst überfällige Diskussion über den Krieg, «wie er wirklich war», mitten in die deutschen Wohnzimmer, heftige Kontroversen inbegriffen. Natürlich stand das Buch auch bei uns im Regal. Als junger deutscher Rekrut fuhr mein Vater Mitte der 1950er-Jahre selbst im Minensuchgeschwader der noch unter US-amerikanischer Aufsicht stehenden Labor Service Unit (LSU) und später bei der Bundesmarine zur See.

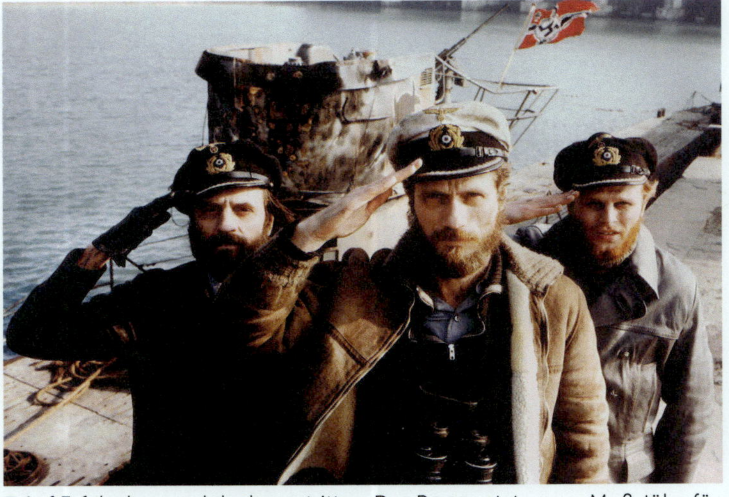

7 Auf Erfolgskurs und doch umstritten: DAS BOOT setzte neue Maßstäbe für den deutschen Autorenfilm

Auch er hatte auf Minenräumbooten die zweifelhafte Bekanntschaft mit den im Buch beschriebenen gefährlichen Seeminen gemacht, den Befehlen eines «Alten» gehorcht und den Mannschaftsgeist seiner Kameraden schätzen gelernt.

Nach dem Kino ärgerte sich mein Vater ausgiebig, dass er sich den Film überhaupt angesehen hatte. Und mit ihm der größte Teil der deutschen Presse, die den Film als fragwürdiges Heldenepos zur actiongeladenen Musik von Klaus Doldinger in ihren Kritiken vernichtete, während sich viele U-Boot-Veteranen durch die Darstellung der sexuellen Obsessionen der Mannschaft in ihrer Ehre gekränkt sahen. Von ihren Veteranentreffen wegen seiner «übertriebenen dramatisierten» Erzählung selbst längst ausgeschlossen, wetterte auch Romanautor Buchheim gegen den Film. Er hätte lieber sein eigenes Skript verfilmt gesehen, das Produzent Günter Rohrbach zugunsten des Drehbuchs von Regisseur Wolfgang Petersen abgelehnt hatte. War die bis dato teuerste Nachkriegsproduktion Westdeutschlands also

ein Rohrkrepierer? Ganz im Gegenteil – dieser neue Typus des *Autorenfilms*, der als internationale Co-Produktion zusammen mit dem Fernsehen auch wirtschaftlich neue Maßstäbe setzen wollte, steuerte ausgerechnet beim früheren Kriegsgegner auf Erfolgskurs. Allein auf die überraschenden sechs Nominierungen in den USA bei den Academy Awards für Regie, Kamera, Drehbuch, Schnitt, Ton und Tonschnitt sowie beim Golden Globe für den besten ausländischen Film folgten weitere Nominierungen in England und Japan, zudem zahlreiche deutsche Filmpreise – so viel Aufmerksamkeit wie noch nie für den jüngeren westdeutschen Film im Ausland. Der Erfolg öffnete Wolfgang Petersen, Kameramann Jost Vacano und Hauptdarsteller Jürgen Prochnow überdies die Tür nach Hollywood.

Und als vier Jahre später DAS BOOT schließlich in neuer Schnittfassung mit über 280 Minuten in fast doppelter Laufzeit als Serie im deutschen Fernsehen wieder auftauchte, seufzte mein Vater: «Hätte ich das gewusst, wäre ich doch nicht ins Kino gegangen!» – und mit ihm seufzten erleichtert auch die deutschen Journalist:innen und Lothar-Günther Buchheim. Denn die neu hinzugefügten Szenen in der Fernsehversion fokussierten nun stärker auf die zwischenmenschlichen Aspekte an Bord, den wenig heldenhaften Lagerkoller und die wachsende Verzweiflung der Einzelnen. Die Hälfte der damaligen deutschen Haushalte schaltete begeistert ein. 1997 schließlich sorgten Wolfgang Petersen und sein Schnittmeister Hannes Nikel mit ihrem 200-minütigen Director's Cut für eine neue Spielfilmfassung, die atmosphärisch dichter und dem Kinozuschauer ohne den erklärenden Off-Kommentar von Leutnant Werner mehr zutraut. Diese Version hätte wohl selbst meinen Vater davon überzeugt, das Geld noch mal in einen Kinobesuch zu investieren.

Die Story, so könnte man auf den ersten Blick meinen, gibt nicht viel her, was sich filmkünstlerisch in Szene setzen ließe. Angesiedelt 1941 im Zweiten Weltkrieg, handelt der Film von der letzten Feindfahrt des U-Boots U96 zu einer Zeit, in der die deutsche Flotte durch Angriffe der Alliierten im Atlantik bereits

geschwächt war und viele Tote zu verbuchen hatte. Bei dem Gedanken an die derzeitigen brutalen Kämpfe im Schwarzen Meer und an mit Atomwaffen bestückte russische U-Boote unserer Zeit lässt dieses beklemmende Kammerspiel heute aufs Neue erschaudern. Durch das perfekte Ineinanderwirken von persönlicher Erzählweise über das Leben an Bord, von intensivem Schauspiel, kunstvoll-überhöhter Ausstattung und Technik, effektvollen analogen Special Effects, eingefangen von entfesselten Kamerafahrten und hypnotischer Soundkulisse, gelingt es Petersen und seinem Team, in die ganz tiefen Abgründe des Krieges abtauchen zu lassen. Hier spielt die Dramaturgie ihr entscheidendes As aus: Sie präsentiert eine übermächtige Vaterfigur, die die Mannschaft hoffnungsvoll durch die gefährlichsten Situationen manövriert und die Zuschauer dabei in trügerischer Sicherheit wiegt. Dieser «Alte» (Jürgen Prochnow), Kommandant der U96, hat seinen ersten Auftritt in einem Animierlokal in La Rochelle, in dem es deutsche Offiziere und ihre Mannschaften am Vorabend ihrer nächsten Ausfahrt noch einmal bis zur Besinnungslosigkeit krachen lassen. Hier grübelt er finster an der Bar gemeinsam mit dem von Kriegseinsätzen und Alkohol schwer gezeichneten U-Boot-Kapitän Thomsen (Otto Sander) über die «Quexe, die nassforschen Typen», die aufgrund der hohen Verluste auf See nun die «alte Garde» ersetzen sollen. Dazu gehört auch das «Milchgesicht» Leutnant Werner (Herbert Grönemeyer), der als Kriegsberichterstatter den Befehl erhalten hat, die Fahrt zu begleiten, um über heldenhafte Männlichkeit zu berichten. Dass diese schwer zu finden sein wird, daran lässt der frisch ausgezeichnete Ritterkreuzträger Thomsen keinen Zweifel, wenn ihm betrunken die gegessenen Eier nur so aus dem Gesicht quellen. «I'm not in the condition to fuck», lallt Thomsen und spuckt eiiges Erbrochenes heraus, während ihn Werner und der «Alte», selbst kaum 30 Jahre alt, auf der Toilette stützen müssen. Krieg macht impotent, Männlichkeit wird in die U-Boote ausgelagert. Am nächsten Morgen werden die gewaltigen, mit Vaseline geschmierten Torpedos am Bug genau dort

geladen, wo die Mannschaft ihre winzigen Kojen hat und sie aus Platzmangel schichtweise doppelt belegen muss.

Frauen müssen an Land bleiben. In wehmütigen Momenten tauchen sie an Bord nur in der Erinnerung über Bilder, Briefe und sentimentale Schlager auf. Im Innersten des Bootes wachsen dagegen in den nächsten Wochen Männer und U-Boot zu einem einzigen ächzenden und stinkenden Organismus wie im Bauch eines Wals zusammen. In fast schon expressionistischer Manier baumeln Dauerwürste und Fleischklumpen, Brotfladen und Bananen organisch in jeder Ritze des Gebälks und bewegen sich wie lebendige Gedärme im Wellengang. Den Darmausgang bildet eine einzige Toilette für fast 50 Mann. Auch in der winzigen Offiziersmesse lassen haarige Filzläuse als «Sackratten» und borstiges Pökelfleisch auf den Tellern keinen Platz für Standesunterschiede. Beim Tauchgang stöhnt dieser Wal entsetzlich und schießt wehrhaft seine Schrauben den Quexen entgegen, wenn der Tiefendruck zu groß wird. «Dem hat's das Rückgrat gebrochen», ist die trockene Diagnose der Besatzung, wenn dieses Ungetüm endlich seine feindlichen Artgenossen bezwungen hat und das feindliche Schiff samt Besatzung in der tiefen See versinkt.

Wie gut, dass es den «Alten» gibt. Väterlich stimmt er mit strenger Mine ohne viele Worte und kaum merklichen Lächeln seine «Säuglinge» auf Strapazen ein, leitet sie emphatisch durch die Angriffe der alliierten Zerstörer und kommentiert geringschätzig die Befehle der «Maulhelden da oben». Denn hier in seinem Boot gibt es nur das gemeinsame ‹Unten›, wo die Offiziersmesse mitten im Gang zu den Gefechtsstationen liegt und man sich so genau kennt, dass vielsagende Blicke meist für die Verständigung genügen. Und wenn es ganz arg kommt, schickt der «Alte» seine bereits halb wahnsinnig gewordenen Jungs nach entbehrungsreichem Einsatz «ab in die Koje» und lässt wie ein DJ französische Chansons auflegen. Seine drei Offiziere komplettieren diesen fürsorglichen Allvater: Sein Gewissen zeigt sich im sorgenvollen «LI» (Klaus Wennemann), seine Pflicht-

schuld verkörpert der regimetreue «1WO» (Hubertus Bengsch), seine freche Schnauze ist der spitzbübisch grinsende «2WO» (Martin Semmelrogge). Über den naiven Leutnant Werner erhält man nach und nach Einblick in dieses Vierergestirn und seinen Koloss, dessen Herz bei rotem Dämmerlicht zum Ultraschall des Feindes laut zu pochen scheint. Es ist ein enigmatisches Tondesign (Milan Bor, Trevor Pyke, Mike Le Mare), dem das laute Wüten der einschlagenden Wasserbomben und der Verfall des Bootes folgen – Suspense in bester Hitchcock-Manier.

Unvorstellbar, dass diesen «Alten» ursprünglich Robert Redford hätte spielen sollen. Eine US-Unit über Wochen eingezwängt in eine wackelige Konserve in den Bavaria-Studios, täglich mit Hunderten Tonnen von Wasser übergossen, in von theatererfahrenen ‹Vergammelungsexperten› getrimmten stinkenden Kulissen und Kostümen, mit echten Bärten und unechten Pickeln im Gesicht? Nicht möglich! Stattdessen wurden im ganzen Land neue Gesichter gecastet und der Film ist nach über 40 Jahren ein prominentes Klassentreffen des deutschen Films: Ein Wiedersehen mit Uwe Ochsenknecht als kumpelhaftem Bootsmann, Erwin Leder als bleichem Obermaschinisten-Gespenst, Heinz Hoenig als konzentriertem Funker oder Jan Fedder, Claude Oliver Rudolph, Ralf Richter und Oliver Stritzel als Maate und Matrosen, die sich abwechselnd ihre derben Witze wie ihre Popel gleichermaßen unter die Nase reiben. Unvergessen auch die Gastauftritte von Günter Lamprecht und Sky du Mont als geschniegelte «Operetten-Offiziere», wie der «Alte» schimpft, dessen Uniform nur aus dreckiger Dienstmütze, Strickpulli und Hosenträgern besteht. Dass diese Schauspiel-Mannschaft unter hohen Strapazen bei den Dreharbeiten ablieferte, lag wohl auch an ihm: ihrem «Alten», Regisseur Wolfgang Petersen, der mit ihnen lange Stunden im Wasser stand, im inszenierten echten Bombenhagel auf La Rochelle mitlief und zu immer neuen Höchstleistungen anspornte. Wie schon bei APOCALYPSE NOW von Francis Ford Coppola zwei Jahre zuvor saß auch hier die Angst die ganze Zeit mit im Boot: Beim Stuntman,

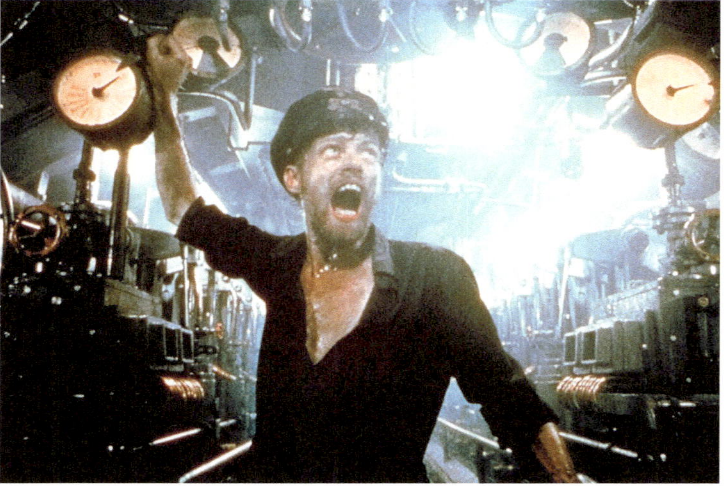

8 Die Strapazen bei den Dreharbeiten von DAS BOOT wären heute in dieser Form wohl nicht mehr möglich

der fünf Wochen eingequetscht in einem winzigen U-Boot-Modell allein durch die unruhige See manövrieren musste. Bei den Schauspielern, die unter klaustrophobischen Bedingungen teilweise 13 bis 14 Stunden im eiskalten Wasser im wackeligen nachgebauten Modell im Studio drehten und sich fühlten, als würden sie mit den Essensresten, die darin schwammen, selbst langsam verschimmeln. An anderen Tagen war es wiederum die Wucht der Wassermassen, die auf sie geschüttet wurden und zu Rippenbrüchen führten. Oder die Angst vor dem Ertrinken auf hoher See vor Helgoland, als das nachgebaute und nur notdürftig abgedichtete Schiff Leck schlug.

Auf der Homepage der Bundeswehr wird heute einer der echten «Alten» zitiert: «Was muss ein Seeoffizier in erster Linie können? Er muss Menschen führen können. Er muss Schiffe führen können. Und er muss Waffen führen können. Dahinter tritt alles Übrige zurück.» Das Zitat stammt von Vizeadmiral Friedrich Oskar Ruge, Jahrgang 1894, der bereits in der Kaiserlichen Marine

diente. 1957 war er seit acht Jahren entnazifiziert und als erster Inspekteur der westdeutschen Marine für die neuen demokratischen Streitkräfte zuständig. Ihm musste damals auch mein Vater begegnet sein. War es sogar sein eigener «Alter» an Bord? Seine Worte hören sich jedenfalls an wie die nachträgliche Stellenbeschreibung von Wolfgang Petersen und seinem Film-Kommandanten der U96. Also «Arschbacken zusammen und durch», wie Otto Sander als Kapitän Thomsen vor seiner nächsten Ausfahrt lallt und dabei wie eine Karikatur wirkt?

Heute wäre das keine gute Idee mehr. Denn aktuelle Umfragen zeugen davon, dass durch genau diese Einstellung Filmschaffende an den Sets stärker von psychischen Leiden betroffen sind als der Rest der Bevölkerung. So berichtet der aufrüttelnde *Looking Glass-Report 2020* vom Verband Film + TV Charity, dass neun von zehn Beschäftigten in der britischen Film- und Fernsehindustrie unter psychischen Problemen bei der Arbeit litten und zwei von drei der Befragten Depressionen hätten. Gründe seien schlechte Arbeitsbedingungen mit sehr langen Arbeitszeiten, Mobbing, Stigmatisierung im Zusammenhang mit psychischer Gesundheit und ein Mangel an Fähigkeiten in der Branche, Menschen zu unterstützen. Wie sehr unter diesen Zuständen auch Filmschaffende in Deutschland leiden müssen, wird derzeit lebhaft diskutiert. DAS BOOT stellt dabei ein Paradebeispiel für das manipulative väterliche Prinzip von Regisseur und seinem «Alten» auf der Kommandobrücke dar. Auch wenn er neue Maßstäbe für den deutschen Film über den Krieg gesetzt hat, verfällt der Film jedoch selbst in Inhalt und Herstellungsweise diesem zweifelhaften Führerprinzip – und mit ihm der Zuschauer, der am Ende dem «Alten» schmerzlich beim Sterben zuschaut, wenn er symbiotisch mit dem sinkenden Schiff im Hafen sein Leben aushaucht. Es bleibt für die Zukunft zu wünschen, dass Drehbücher diese Idee des Übervaters differenzierter betrachteten. Mehr Fürsorge am Set sollte zudem mit dazu beitragen, dass eine Crew nicht bis an körperliche und psychische Grenzen gehen muss, auch wenn es um die Darstellung von Krieg, Mann-

schaftsgeist und Entbehrung geht. Die frühere Erfolgsformel «Alles beim ‹Alten›» darf in diesem Sinne nicht mehr gelten. Bei Kinovorführungen von DAS BOOT, die an dieser Stelle explizit empfohlen werden, sollten diese Aspekte unbedingt mitdiskutiert werden – und das natürlich anhand des jüngsten Director's Cut, der Lieblingsversion vom «Alten» Petersen.

5 Krieg und Kamera

CHRIS THE SWISS von Anja Kofmel

«Wir fühlten uns unbesiegbar. Wir fühlten uns, als ob nichts uns etwas anhaben könnte.» Der damalige Fernsehproduzent Siniša Juričić steht auf der obersten Etage des Hotel Intercontinental und blickt auf das wiederaufgebaute Stadtpanorama von Zagreb. Hier in Kroatien begann im Herbst 1991 eine Großoffensive der jugoslawischen Volksarmee. Durch diesen Angriff brachten kroatische Serben etwa ein Drittel von Kroatien unter ihre Kontrolle. Die Auflösung Jugoslawiens in Teilrepubliken und der Kampf um Titos Erbe nach dem Zerfall der kommunistischen Einheitspartei wurden Auslöser für einen blutigen Bürgerkrieg, der bis 1995 mitten in Europa wütete. Am Ende waren es mehr als 100.000 Menschen, die durch die Kämpfe zwischen den drei offiziellen Armeen von Serben, Kroaten und Bosniern und zahlreichen paramilitärischen Einheiten getötet wurden, und mehr als zwei Millionen Menschen, die aus ihrem Land flüchteten. Mitten in Zagreb hatte die internationale Presse damals ihre Kameras mit Blick auf den Bombenhagel

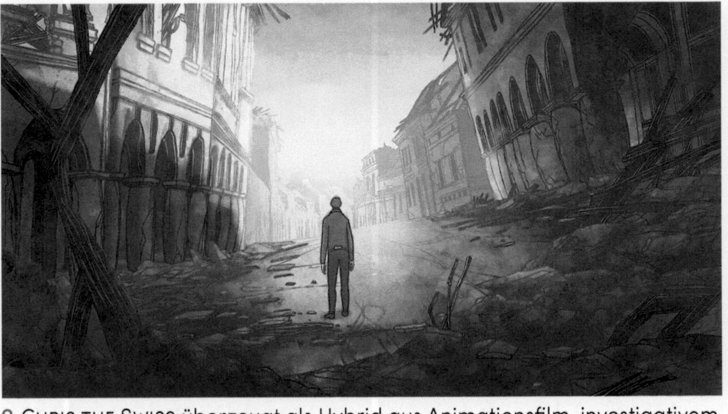

9 CHRIS THE SWISS überzeugt als Hybrid aus Animationsfilm, investigativem Journalismus und fesselndem Drama

in der Stadt aufgebaut, um hautnah über den Beginn dieses Kriegs zu berichten, Live-Explosionen inklusive. Einer von ihnen war Christian Würtenberg, ein 25-jähriger Schweizer Journalist, der sich am 6. Oktober 1991 von Zürich aus in den Zug nach Zagreb setzte, um zu einem Krieg quasi vor seiner Haustür zu fahren. Er kehrte daraus nicht mehr zurück. Denn schon einige Monate später schloss sich der Reporter aus mysteriösen Gründen ultrareligiösen Paramilitärs an und wurde ermordet. Seine Leiche trug Söldneruniform, das Gesicht war zerschunden, sein Hals zeugte von einer Erdrosselung. Anja Kofmel, die damals zehn Jahre alt war, verfolgte der Tod ihres geliebten Cousins jahrelang in schlimmen Albträumen, bis sie beschloss, seine Mörder zu finden und daraus einen Film zu machen: CHRIS THE SWISS (CH 2018). Ein Film, der die Kamera auch auf die letzten Fotos ihres Cousins im Leichenschauhaus hält.

Doch aus der persönlichen Intention erwuchs während der Dreharbeiten eine weitaus größere Dimension, die tief zum Kern vordringt und auch für uns heute unbequem bleibt: Warum ist ein so unmenschlicher Krieg in dieser Zeit überhaupt möglich gewesen? Wer waren seine Treiber? Wie verhielten sich

die Medien dazu? Es sind Fragen, die angesichts des russischen Angriffskriegs in der Ukraine oder seit dem Angriff der Hamas auf Israel und dem daraus entwachsenden Krieg in Gaza heute drängender denn je sind. Die Annäherung an diese Themen sind erschreckend, und doch lassen sie uns die Augen nicht abwenden, ganz im Gegenteil: CHRIS THE SWISS ist ein Hybrid zwischen Animationsfilm, investigativem Journalismus und fesselndem Drama, das besonders in der Schweiz, die sich in außenpolitischen Konflikten gerne als neutral betrachtet, für Aufsehen sorgte. Das Werk gewann gleich dreifach den Schweizer Filmpreis, für den Besten Dokumentarfilm (Anja Kofmel, Samir und Sereina Gabathuler), für den Besten Schnitt (Stefan Kälin) und für die Beste Musik (Marcel Vaid). Das Züricher Filmfestival zeichnete ihn sowohl als Besten Film wie auch als Besten Dokumentarfilm aus. In Cannes wurde CHRIS THE SWISS im Rahmen der hochkarätigen Reihe *Dealing with the past* innerhalb der *Woche der Kritik* prämiert. Nominierungen und weitere Preise folgten auf internationalen Festivals.

Es sind hochästhetische, emotionalisierende Animationen, beklemmendes Found-Footage-Material sowie berührende Interviews mit der Familie, Kolleg:innen und Kampfgenossen, mit denen sich Kofmel auf Spurensuche begibt, um die letzten Monate ihres Cousins, der nur 26 Jahre alt wurde, nachzuzeichnen – und das im wahrsten Sinne. Gelungene Dokumentarfilme laufen dabei oftmals Gefahr, dass ihre filmkünstlerischen Qualitäten zugunsten ihrer Botschaften nicht ausreichend gewürdigt werden. Bei CHRIS THE SWISS kommt man jedoch weder an seiner Kunstfertigkeit noch an seiner Botschaft vorbei. Zehn Jahre brauchte die Regisseurin, um den Film fertigzustellen. Dreieinhalb Jahre dauerte allein der Schnitt von Stefan Kälin. Das Hauptproblem in der Kombination von Dok- und Animationsfilm, so die Regisseurin in einem Interview, sei gewesen, dass in der Herstellung in beiden Genres vollkommen entgegengesetzt verlaufe: «Beim Dokfilm [...] geht [es] darum, möglichst lange flexibel zu bleiben und aus dem vorhandenen Material die beste

Geschichte zu formen. Bei der Animation hingegen ist es genau umgekehrt: Weil die Bildproduktion so aufwendig ist, musst du dich möglichst früh festlegen.» Diese Herausforderung bedurfte eines kontinuierlichen Austauschs mit dem Animationsstudio in Zagreb, wo Kofmel zwei Jahre lebte, um das Team zu leiten. Grundlage war ihr Abschlussfilm CHRIGI (CH 2009), der an der Hochschule Luzern entstanden war und der die Produzent:innen Samir, Sereina Gabthuler, Vanja Cremac sowie die Co-Produzenten Heino Deckert und Siniša Juričić überzeugte, daraus einen abendfüllenden Film zu machen.

Mit Juričić, der zugleich ein früherer Kollege von Christian Würtenberg im Krieg war, begab sich Anja Kofmel selbst auf den Weg, sprach mit Personen, die ihren Cousin getroffen hatten, sammelte Archivmaterial von den Fernsehberichten, die er an der Front aufgezeichnet hatte, und versuchte, seine Notizhefte zu entschlüsseln. Fehlendes Bildmaterial ergänzte sie durch Schwarz-weiß-Animationen aus Perspektive des jungen Kriegsreporters und ihren eigenen Vorstellungen dazu. Dieser empathische Kunstgriff schafft es, den Fluss aus realen Nachrichtenbildern aus dem Kampfgebiet mit Toten und Verletzten immer dann zu unterbrechen, wenn er droht, abstumpfend und abstrakt zu werden. Auf Ausschnitte aus Nachrichten und Alltagsbildern der Regisseurin bei ihrer Recherche vor Ort folgen apokalyptische Sequenzen, in denen die tödlichen Luftangriffe plötzlich als surreale schwarze Heuschreckenschwärme lebendig werden, deren metallisches Rasseln sich mit den Schüssen der Heckenschützen verbindet. Wie klingt Krieg? Bei Kofmel geht er durch Mark und Bein. Ihre enge Zusammenarbeit mit den Sound-Departments um Markus Krohn und den Komponisten Marcel Vaid machten dies möglich. «Dirty und rough» ist ihr Krieg, er summt wie Millionen von Insekten, schwillt an wie tosendes Wasser und klirrt wie tausendfach zerschlagenes Glas.

Auch die Interviews mit den Kriegsjournalist:innen Heidi Rinke oder Julio César Alonso erhalten auf diese Weise emotionale Tiefe, wenn ihre Begegnungen mit Würtenberg auf den

damals menschenleeren Straßen in Zagreb, in zwielichtigen Bars und dunklen Ecken in Szene gesetzt werden. Mit diesem erzählerischen Ansatz gelingt es, dramaturgisch den Bogen von Kofmels surrealen kindlichen Albträumen chronologisch bis ins letzte Jahr ihres Cousins zu spannen, in dem er seine mutmaßlichen Mörder traf: die autonome Söldnertruppe PIV um ihren Anführer «Chico», bürgerlicher Name Eduardo Rózsa-Flores, der sich als «weißer Che» betrachtete und selbst früher Journalist war. Diese Einheit kämpfte aufseiten der Kroaten und beging bei «ethnischen Säuberungen» Kriegsverbrechen an der Bevölkerung. Aus welchen Beweggründen sich Würtenberg, der bereits als 17-Jähriger eine Ausbildung bei der südafrikanischen Armee absolvierte, einer Gruppe von mutmaßlich rechtsextremen Nationalisten anschloss, kann niemand endgültig beantworten. «Im Krieg», so einer der Reporter, «da lebt man Tag und Nacht zusammen wie eine Familie.» War es diese Intensität, die Würtenberg so sehr faszinierte, um aus der friedlichen Schweiz in den Krieg zu fahren und seine eigene Familie traumatisiert zurückzulassen, wie die erschütternden Kommentare seines Vaters, seiner Mutter und seines Bruders vor der Kamera zeigen? «Der Krieg hängt vor allem von den Menschen ab, die Waffen an beide Seiten verkaufen, in Europa, der USA, auf der ganzen Welt. [...] Solange dafür ein Interesse und ein Markt da sind, verkaufen sie, außer jemand hält sie auf – aufgrund des Gesetzes oder aus gesundem Menschenverstand», so das verzweifelte Plädoyer des Kriegsjournalisten Würtenberg vor der Kamera, kurz bevor er untertauchte. «Chris the Swiss», wie sein Kampfname lautete, ist jedoch ein unzuverlässiger Erzähler in diesem Film, mal im Off, mal direkt vor der Kamera: «Der Krieg geht weiter. Es ist nur die Frage, was wir von ihm zeigen.»

Meinte er damit, dass nicht schon längst Blut an ihm und seinen Mitstreitern im Propagandakrieg der Bilder klebte, noch bevor er scheinbar die Seiten wechselte? Ein Buch wollte er schreiben, dessen Manuskript jedoch nie gefunden wurde. War es also in Wirklichkeit eine tödliche Undercover-Geschichte, die

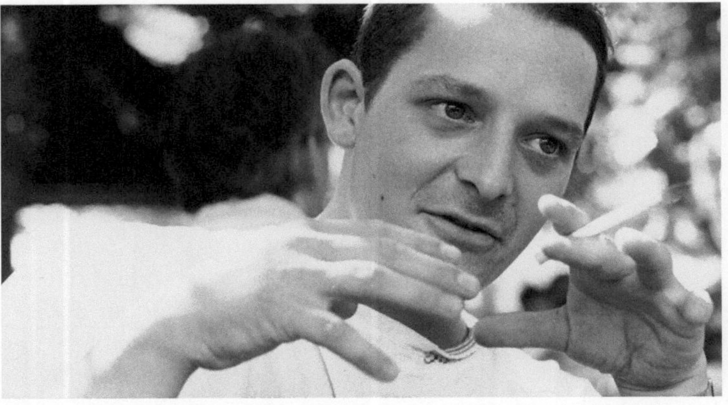

10 Der Kriegsjournalist Christian Würtenberg: Geriet er wirklich auf die falsche Seite?

ihn antrieb, auf der Jagd nach der besten Geschichte? Veteranen, die an seiner Seite kämpften, reagieren achselzuckend: «Soldaten werden zu Schlächtern ausgebildet, beginnend mit dem Schwächsten.» Sie verweisen auf Fotos ihres jungen Kameraden, der bei ihnen aufgrund seiner Sprachkenntnisse als Funker diente und die zu Feinden erklärten Serben schließlich auch selbst töten musste. Die Recherchen waren auch für die Regisseurin nicht ungefährlich und führten sie in ein undurchsichtiges Netz internationaler Drahtzieher. Die erzkatholische Gemeinschaft «Opus Dei» soll die Einheit PIV finanziert haben. PIV-Anführer «Chico» Rózsa-Flores wurde 2009 in Bolivien exekutiert, weil er angeblich einen Anschlag auf den bolivianischen Präsidenten Evo Morales geplant haben soll. Nur wenige Jahre zuvor hatte er sich im biografischen Spielfilm CHICO (D/KRO/HU/CHL 2001) der ungarischen Regisseurin Ibolya Fekete selbst ein Denkmal gesetzt. Endgültige Antworten findet Anja Kofmel jedoch keine.

CHRIS THE SWISS verhandelt damit nicht nur die ambivalente Rolle von Kriegsjournalist:innen. Sondern er zeigt auch, welchen beeindruckenden Beitrag Filmkünstler:innen leisten können, in-

dem sie selbst Jahrzehnte nach einem Krieg die Finger in offene Wunden legen, ohne dabei auf Jagd nach der besten Geschichte zu sein. Dieser eindringliche und zugleich behutsame biografische Ansatz scheint vor allem Regisseurinnen zu eigen zu sein. Die Verbindung von realen und animierten Bildern erinnert an die im gleichen Jahr entstandene Kurz-Dokumentation TRACING ADDAI (D 2018) von Esther Niemeier, die ästhetisch ganz ähnlich mit animierten Szenen dem Tod eines jungen Mannes nachspürt, der sich mit Anfang Zwanzig radikalisierte, in den syrischen Bürgerkrieg zog und dort unter ungeklärten Umständen ums Leben kam. Auch wenn es am Ende in den Zeichnungen wirkt, als hätte sich Anja Kofmel aus ihrem Trauma befreit, indem sie ihre eigene Figur als Kind darstellt, das seine Hand dem Cousin zum Abschied reicht, ist ihr Ausblick am Ende des Films ein düsterer – vier Jahre vor Kriegsausbruch in der Ukraine, fünf Jahre vor dem Massaker der Hamas an jungen Israelis: «Noch aus den Nachrichten erfahre ich, dass wieder junge Schweizer Männer in den Krieg ziehen. Jetzt unter einem anderen Namen, unter einer anderen Fahne, für einen anderen Gott. Es braucht nicht viel, um den Teufelskreis von Gewalt und Vergeltung in Gang zu setzen. Eine Handvoll junger Männer, die alles töten, was einer anderen Religion, einer anderen Ideologie oder anderen Hautfarbe angehört. Deine Geschichte hat mich in den Abgrund blicken lassen. Und sie hat mir gezeigt, wie zerbrechlich unsere Gesellschaft ist.» Es ist diese simple Erkenntnis, die so schwer zu begreifen ist und für die CHRIS THE SWISS die passenden Worte wie Bilder und Sound findet – der Glücksfall eines Films über den Krieg, der vor allem eine Warnung für junge Männer ist und daher zu ihrem Pflichtrepertoire gehören sollte.

6 Der ultimative Film über Krieg

KOMM UND SIEH von Elem Klimov

Krieg überschreitet auch in seiner filmischen Darstellung und Produktion oftmals Grenzen. Es sind Filme über den Krieg und zugleich Filme der Superlative, die in dieser Essay-Reihe kritisch gewürdigt wurden: Der sicherlich einflussreichste Film des späten *New Hollywood* (APOCALYPSE NOW von Francis Ford Coppola), der aus Sicht der *Nouvelle Vague* vielleicht bedeutendste Film der Nachkriegsgeschichte (HIROSHIMA, MON AMOUR von Alain Resnais), der größte finanzielle Erfolg von Charlie Chaplin (THE GREAT DICTATOR), der zu seinem Erscheinen international erfolgreichste westdeutsche Nachkriegsfilm (DAS BOOT von Wolfgang Petersen) und einer der erfolgreichsten Schweizer Dokumentarfilme aus den letzten Jahren (CHRIS THE SWISS von Anja Kofmel). Diese Liga übertrifft nur noch ein Film: KOMM UND SIEH (Sowjetunion 1985) von Elem Klimow – ein Film, der das Grauen des Vernichtungskriegs nationalsozialistischer Sonderkommandos in Weißrussland in surrealer Manier zuspitzt

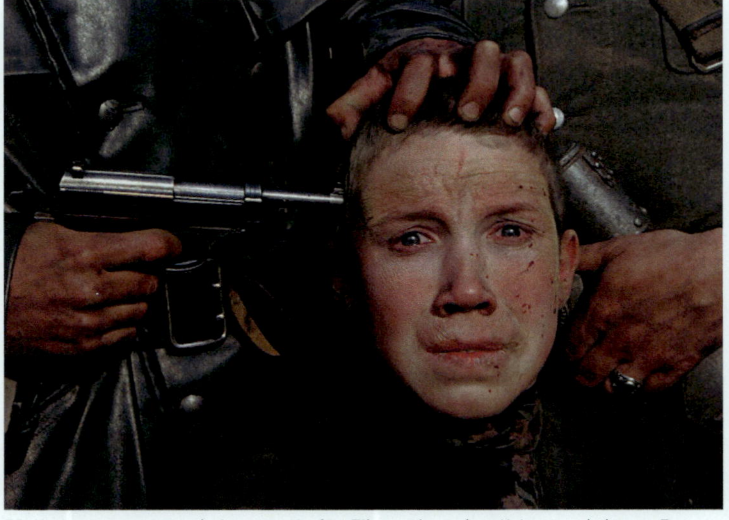

11 KOMM UND SIEH als Imperativ für Filme über den Krieg und deren Rezeption

und damit bis ins Mark erschüttert. Er gehört zu den bekanntesten Filmen der Sowjetunion und wurde allein dort von rund 30 Millionen Menschen gesehen. Ein Film, dem es lange erst mal nichts hinzuzufügen gibt. Zu ihm kommen wir daher erst am Schluss dieses Textes. Komm und sieh – diese zentrale Botschaft gewinnt angesichts der mitten in Europa und im Gazastreifen wütenden Kriege noch einmal mehr an Bedeutung, vor allem für das Kino und die nötige Programmierung von Filmen über kriegerische Konflikte, und funktioniert bei allen vorgestellten Filmwerken bis heute. Warum können und müssen wir hier trotz der Grausamkeiten hinsehen? Der Versuch eines Resümees.

Da ist zuerst einmal die inhaltliche Ebene, die diese Werke klar eint. Denn so unterschiedlich die Blickwinkel auf die verschiedenen Kriege und die persönliche Betroffenheit der jeweiligen Filmkünstler:innen auch sind, so ähnlich fallen ihre niederschmetternden Einsichten aus: Es braucht nur junge Männer, die

in den nächsten Krieg ziehen und alles bekämpfen, was anders als sie ist. Dazu kommen die Alten, die väterlich in Sicherheit wiegen, obwohl eben genau sie zu den Kriegstreibern gehören. Am Ende gibt es keine Sieger, nur Opfer auf beiden Seiten und traumatisierte Generationen danach, die vor der Entscheidung stehen, ob sie die Gewaltspirale weiter fortführen oder nicht. Doch wie soll man mit der Schuld und der Erinnerung daran umgehen? Die vorgestellten Filmkünstler:innen transformieren dabei ihren eigenen Zwiespalt zwischen Rache und dem Wunsch des Ruhenlassens, zwischen Erinnerung und Vergessen. Denn soll man überhaupt erinnern, wo doch das Vergessen für die Liebe essenziell sei, wie Alain Resnais es in HIROSHIMA, MON AMOUR ausdrückt, dabei den Horror der Atombombe mit den Höhepunkten der Liebe kontrastiert, und die Asche der verbrannten Toten symbolhaft auf die Haut der Liebenden rieseln lässt? Solche starken Gegensätze finden sich auch bei den anderen Filmen, in denen Charaktere und Schauplätze zum Teil bis an den Rand der Karikatur überhöht werden: Ob Chaplins kleiner jüdischer Friseur in THE GREAT DICTATOR, der erfolgreich gegen die Übermacht der selbst ernannten Herrenmenschen antritt. Oder das expressionistische Setting von DAS BOOT, das mit seinem klaustrophobischen Eigenleben die Aussichtslosigkeit eines unübersichtlichen Krieges in den Weiten des Weltenmeers unterstreicht. Oder die schwarz-weiß gezeichneten düsteren Gestalten und Gemäuer, die ein Krieg hervorbringt und die Anja Kofmel in CHRIS THE SWISS den realistischen Farbaufnahmen von Menschen im Frieden gegenüberstellt. Und schließlich der ‹Culture Clash› bei Coppola, bei dem der archaische Urkult der Dschungelbewohner über die verweichlichte westliche High-Tech-Kultur der feindlichen Kolonialisten siegt.

Durch diese Kontrastierung gelingt zweierlei: Zum einen sind es gelungene Versuche einer personalisierten ‹Ver-Körperung› von Krieg, der mit seinen Tabubrüchen gegen die Menschlichkeit eigentlich eine ‹Ent-Körperung› mit sich bringt, die sich jeder Vorstellungskraft entzieht. Der Mensch und sein Körper

versus einen Krieg, der den Menschen in seine Einzelteile zersprengt. In allen Filmen bleibt eine chronologische Entwicklung der immer stärker vom Horror gezeichneten Charaktere, denen am Ende das Grauen ins Gesicht geschrieben steht. Eine solch eindringliche Personifizierung erlaubt es, selbst über die Leinwand ein Stück weit in die Gewalt von Krieg einzudringen. Es ist ein empathisches hautnahes Sehen, das dem Zuschauenden im wahrsten Sinne unter die Haut geht, was besonders im Kinosaal über die Leinwand gelingt. Zum anderen schaffen die künstlerischen Überhöhungen und die unzuverlässigen Erzähler:innen in den Off-Kommentaren keinerlei Illusionen darüber, wer hier gut und wer böse ist, sondern führen zielsicher immer wieder in die Irre, ganz wie es den Wirren des Krieges zu eigen ist. Es ist ein reicher Mix aus Filmstilen, der hier zum Tragen kommt, um die feine ästhetische und dramaturgische Linie zu ziehen, die die Brutalität des Tötens in Filmkunst transformiert: Mit dem experimentellen philosophisch-dokumentarischen Blick eines *Film noir*-Filmpoems (HIROSHIMA, MON AMOUR) oder eines investigativen Animations- und Kompilationsfilms (CHRIS THE SWISS). Mit dem humoristischen Blick einer Satire (THE GREAT DICTATOR). Mit dem melodramatischen Blick eines expressionistischen Kammerspiels (DAS BOOT) oder eines psychedelischen Autorenfilms (APOCALYPSE NOW). Es sind künstlerische Interpretationen mit hoher Originalität, die zum Alleinstellungsmerkmal für diese Werke geworden sind.

Und wie klingt dieser Krieg? In allen diesen Filmen spielt neben der außergewöhnlichen Fotografie das Sounddesign eine zentrale Rolle. Es steht oftmals in scharfen Kontrasten zu den Bildern, setzt auf wiedererkennbare Leitmotive und kompiliert diese kunstvoll zu einer spannungsvollen Einheit voller Dissonanzen: Ob das Schlagen der Hubschrauber-Rotoren über brennenden Schlachtfeldern zur Musik von The Doors und Richard Wagner wie bei Coppola, zeitgenössischer Jazz und Neue Musik zu lyrischen Reflexionen über die Kriegsopfer wie bei Resnais, die tosenden Heuschreckenschwärme und das klirrende Glas

zu Zeichnungen von Zagrebs verwaisten umkämpften Straßen bei Kofmel, die irrwitzige Fantasiesprache von Chaplin gegenüber dem mörderischen Nazi-Kommando oder das enigmatische feindliche Echolot, das in Suspense den nächsten Angriff feindlicher Zerstörer ankündigt wie bei Petersen. Und natürlich: die quälende Stille danach. Diese Filme erspüren den Krieg mit allen Sinnen und bringen ihre Protagonisten bis an den Rand der Besinnungslosigkeit. Hinzu kommt die Authentizität, die die Regisseur:innen und die Autor:innen ihrer literarischen Vorlagen eint. Der Blick auf den Krieg dieser Künstler:innen stammt nicht aus der Retorte, sondern aus der direkten Konfrontation. Anja Kofmel (Jahrgang 1982) und ihre Familie haben ihren Cousin, Sohn und Bruder im Jugoslawienkrieg verloren. Chaplins (Jahrgang 1889) Lebenswege waren eng an die beiden Weltkriege gekoppelt. Beide schrieben ihre Skripte anhand von eigenen Beobachtungen, Recherchen und Nachrichtenbildern. Resnais (Jahrgang 1922), Coppola (Jahrgang 1939) und Petersen (Jahrgang 1941) wiederum gehörten zur (Zwischen-)Kriegsgeneration, die persönliche Statements im Stil der Filme ihrer eigenen Generation abliefern wollten. Die Grundlagen ihrer Filme wiederum bildeten authentische Erfahrungsberichte wie literarische Bestseller gleichermaßen: Ob von Joseph Conrad, dem britischen Romancier und einstigen Kapitän der britischen Kolonialmacht, vom deutschen Kriegsberichterstatter Lothar-Günther Buchheim, der im Zweiten Weltkrieg U-Boote begleitete, oder von der französischen Dramatikerin Marguerite Duras, die im französischen Kolonialgebiet in Indochina aufwuchs und später Teil der Résistance in Frankreich war. Diese sieben Faktoren vereint auch der letzte Film in diesem Blog: KOMM UND SIEH, der bis heute in vielen Bestenlisten als der ultimative Film über Krieg gilt und ebenso der letzte Film des Regisseurs Elem Klimow wurde. Er erzählt aus der Perspektive eines 14-jährigen Jungen in einem fiktiven Dorf exemplarisch von realen Massakern, die SS-Sondereinheiten in weißrussischen Dörfern verübten.

1. Authentizität des (Autoren-)Filmers

Elem Klimow (Jahrgang 1933) verarbeitete mit KOMM UND SIEH nicht nur seine eigenen Erlebnisse in der belagerten Stadt Stalingrad 1942/1943, wo er mit seiner Familie als Partisan aktiv war. Seinem Film liegt darüber hinaus das Buch *Ich bin aus einem verbrannten Dorf* von Ales Adamowitsch, Uladzimir Kalesnik und Janka Bryl zugrunde – die dokumentarische und von der Sowjetführung stark zensierte Sammlung von Aussagen von rund 300 Überlebenden des Vernichtungskriegs der NS-Truppen und ihren Kollaborateuren in Weißrussland. Der weißrussische Autor Adamowitsch, der mit Klimow das Drehbuch zu KOMM UND SIEH schrieb, und dabei auch auf Motive aus seinem Buch *Die Erzählung von Chatyn* zurückgriff, kämpfte in gleichem Alter wie der Protagonist im Film ebenfalls als Partisan und wurde selbst Zeuge an den Massentötungen der Dorfbevölkerung. Zudem entstanden 1975 bis 1978 in Zusammenarbeit mit Adamowitsch Dokumentarfilme wie AUS DEM FEUERDORF (UdSSR 1975) von Viktor Daschuk, der mit seinen detaillierten Porträts von Überlebenden zutiefst erschüttert.

2. Hautnahes Sehen und überzeugende Figurenentwicklung

KOMM UND SIEH handelt von dem 14-jährigen Fljora (Alexei Krawtschenko in seiner ersten Rolle), der 1943 in einem weißrussischen Dorf lebt und sich kriegsbegeistert Partisanen anschließen will, um gegen die Nazi-Deutschen zu kämpfen. Die deutschen Truppen befinden sich bereits auf dem Rückzug und töten dabei systematisch die Bevölkerung ganzer Landstriche. Auf seiner Odyssee mit der älteren Glascha (Olga Mironowa) und ihrer entbehrungsreichen Flucht durch das Moor erfährt Fljora, dass sein Dorf und mit ihm seine Familie bereits vernichtet wurden. Schließlich muss der Junge mit eigenen Augen sehen, wie andere Dorfbewohner von Nazitruppen gedemütigt und bei lebendigem Leib in einer Kirche verbrannt werden. Es ist ein brutales *Coming of Age*, das den Jungen am Ende zu einem

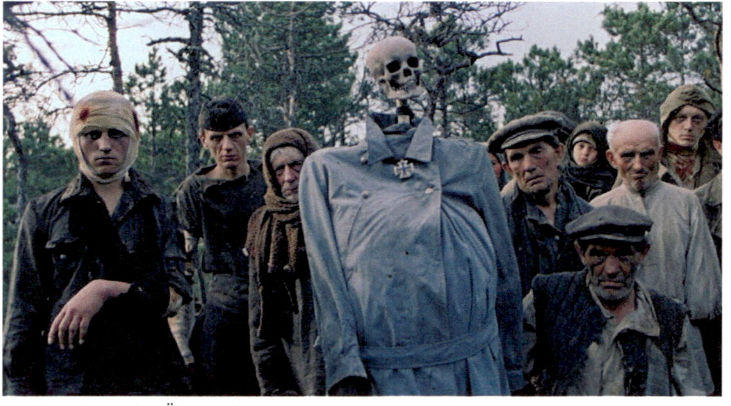

12 Künstlerische Überhöhungen und verstörende Kontraste symbolisieren bei KOMM UND SIEH die Absurdität des Krieges

ähnlichen Greis werden lässt wie der, mit dem der Film in Großaufnahme beginnt. Diesem Gesicht des Jungen steht zuletzt der Horror so tief ins Gesicht geschrieben, wie er sich ebenso dem Zuschauer tief ins Gedächtnis eingraben wird.

3. Zuspitzung der Charaktere und Schauplätze

Belarus verlor im Zweiten Weltkrieg etwa ein Viertel seiner Gesamtbevölkerung im wirtschaftlich und rassistisch motivierten Vernichtungskrieg, den Hitlerdeutschland gegen die slawischen Völker führte. Das Narrativ des siegreichen Kampfs der Partisanen im Land prägt noch heute das Bewusstsein in Belarus. Die Zahl der Kriegstoten in Weißrussland liegt zwischen 1,7 Millionen und – nach offiziellen Zahlen der heutigen Regierung – 2,2 Millionen. Zwei Drittel davon stammen aus der Zivilbevölkerung und etwa 500.000 von ihnen waren jüdischen Glaubens. Fast jede Familie und jedes Gebiet waren betroffen. Erinnerungs- wie auch Vergessenskultur prägen kollektive Identität. Sie sind selbst in totalitären Staaten jedoch niemals monolithisch ausgeformt, so der Historiker Christian Ganzer mit Blick auf das Erinnern an den Zweiten Weltkrieg in Belarus. KOMM UND SIEH

konnte nach langen Produktions- und Blockadezeiten 1985 unter den Vorzeichen von Glasnost und Perestroika erscheinen und brachte auch viele kritische Stimmen für Klimow hervor, der zwar einen Film gegen den Krieg und den Faschismus machen wollte, jedoch keinen antideutschen Film beabsichtigte.

4. Eindringliche Ton- und Bild-Kontraste

Dass Krieg im wahrsten Sinne ohrenbetäubend ist, ist bei KOMM UND SIEH essenzieller Teil des Sounddesigns, unterstrichen durch die enigmatische Musik von Oleg Jantschenkounter dem Einsatz einer dissonanten Geräuschkulisse. Klimow lässt uns den Film durch die Ohren seines Protagonisten Fljora hören, der nach einem traumatisierenden Bombenabwurf nahezu taub ist und Tinnitus hat. Entsprechend pfeift es im Film, bis der Ton hinuntergezogen wird und damit einen Geräuschfilter über die sich bis zur Perversion steigernden Massaker-Szenen legt. Gedreht wurde mit natürlichem Licht, das die düstere Grundstimmung des Films unterstreicht und eine monochrome Bildsprache erzeugt (Produktionsdesign: Viktor Petrow). Es ist eine Pionierarbeit, die hier im sowjetischen Film geleistet wurde, bei der Kameramann Alexej Rodionow mit einer erstmals beweglichen, damals noch mehrere Kilo schweren Steadycam arbeitete, die verstörend zwischen dokumentarischer und mystischer Bildsprache durch die verbrannten Dörfer, schützenden Wälder und bedrohlichen Sümpfe wandelt.

5. Originalität als Gesamtkunstwerk

Aus den Narben der eigenen verlorenen Kindheit machen Klimow und sein Co-Autor Adamowitsch ein hyperrealistisches ‹Über-Kino›, das bis ins kleinste Ausstattungsdetail wie echtem menschlichen Blut, das aus Blutkonserven von Krankenhäusern stammte, die unheilvolle Atmosphäre des Krieges filmisch transformiert. Und, wie könnte es anders sein, waren auch hier die Dreharbeiten grenzüberschreitend: Auch wenn es eine psychologische Betreuung für den damals 14-jährigen Hauptdarsteller

Alexej Krawtschenko gab, war er während der neunmonatigen chronologischen Drehzeit den unvollstellbaren psychischen Grausamkeiten im Drehbuch und starken körperlichen Extremen bei der Produktion ausgesetzt. Er sollte zudem analog zu seiner Filmfigur hungern und war gezwungen, seine Haare noch lange Zeit nach Abschluss des Drehs wegen der aggressiv grauweißen Entfärbung in dieser Form zu tragen. Sogar die Augenfarbe wurde durch Kontaktlinsen von hellblau am Anfang des Films zu dunkel am Ende geändert. Echte Munition, die über die Köpfe geschossen wurde und die Kuh in einer Filmszene auch real tötete, sowie deutsche Militärmärsche aus Lautsprechern erzeugten gewaltige Eruptionen am Set, die die Crew verängstigten, wie Regieassistent Wladimir Koslow in einem Interview offenbarte. Viele verließen schließlich sogar die strapaziösen Dreharbeiten oder feierten währenddessen exzessiv, um das fehlende Catering, die am Ende ausbleibenden Lohnzahlungen und die darzustellenden Grausamkeiten des Filmskripts mental zu kompensieren.

6. Zwiespalt von Rache und Vergebung in künstlerischer Transformation

Am Ende des Films steht Fljora Auge in Auge mit einem Teil der SS-Männer und ihren Schergen, welche die Partisanen fangen konnten. Es ist eine Entscheidung über die Rache gegenüber Tätern, die «nur Befehle» ausführten und «alte kranke Männer und Familienväter» seien, wie ihr SS-Kommandant es im Matsch sitzend beteuert: «Jetzt aber ist Krieg und keiner hat daran schuld.» Fassungslos zeigt Fljora auf einen der Deutschen, der zugibt, vor allem die Kinder getötet zu haben: «Denn alles fängt mit den Kindern an.» Die finale aberwitzige Rückwärtsschau von Archivbildern, die mit den KZs aus der NS-Zeit beginnt, und mit Hitlers Kinderporträt in der Kaiserzeit endet, untermalt von einer infernalen Klangkulisse und den Schüssen Fljoras auf das Hitlerfoto in der Pfütze, lässt keinen Zweifel daran: Alles beginnt mit den Kindern, sogar das Schreckensregime von Hitler,

der auch einst von seiner Mutter geboren wurde. Könnte man diese Verirrung doch rückgängig machen! Und gemeinsam mit Fljora zieht ein weiterer kleiner Junge mit den Partisanen erneut in den Kampf, nachdem die Feinde durch die Partisanen erschossen wurden.

7. Zentrale Botschaft

KOMM UND SIEH – das Zitat aus dem Johannes-Evangelium ist eine Aufforderung, die bei diesem Werk so quälend wirkt, dass man diesen Film im Grunde nur ein einziges Mal in seinem Leben ertragen kann. Bei aller ideologischen Aufladung ist es eine eindringliche filmkünstlerische Position, die wie mit einem Brennglas auf unvorstellbare Kriegsverbrechen zeigt, die sowohl in Belarus als auch in Deutschland bis heute noch immer nicht vollständig aufgearbeitet wurden. KOMM UND SIEH ist Titel dieser Essay-Reihe über Kriegsfilme. Zugleich stellt er als Imperativ die wichtigste Aufgabe dar, die sich für unsere Gesellschaft ebenso wie für Filmkünstler:innen, das Kino und ihre Kurator:innen stellt: Wir müssen Erinnerungskultur über den Krieg gemeinsam teilen und den künstlerischen Blick auf kriegerische Konflikte gleichzeitig immer wieder neu und kritisch beleuchten. Die Speerspitze bilden die vorgestellten sechs Werke aus der Filmgeschichte. Sie besitzen traurige Aktualität und haben in ihrer Wirkkraft auf der Leinwand in nichts nachgelassen. Doch aus ihrem oftmals schmerzhaften Entstehungsprozess für die Zukunft lässt sich zugleich lernen, dass der Zweck nicht alle Mittel am Set heiligt, auch wenn diese Gesamtkunstwerke zugegebenermaßen einen anderen Eindruck vermitteln. Ihre beschwörenden Szenarien schaffen etwas, was den täglichen Nachrichtenbildern oft nicht mehr gelingt: Uns immer wieder über die unmenschliche, generationen- und nationenübergreifende Gewaltspirale des Krieges hinweg neu hinsehen und nachdenken zu lassen, um eines Tages hoffentlich endlich Frieden schließen zu können.

Abbildungsnachweise

Constantin (3, 4) • Bildstörung/Drop-out (11, 12) • imago / Allstar / Mary Evans / AF Archive / Constantin Film (7, 8) • imago / Photo12 / Charles Chaplin Productions (1, 2) • Real Fiction (9, 10) • Tobis (5, 6)

Literaturhinweise für beide Essayreihen

Patricia Adam: *Agil in der ISO 9001*. essentials. Springer Gabler, Wiesbaden 2020.

Emilie Altenloh: *Zur Soziologie des Kino. Die Kino-Unternehmung und die sozialen Schichten ihrer Besucher*. Mannheim 1913, massenmedien.de: https://is.gd/Eo9jlA (7.2.2024).

Jan-Frederik Bandel: «Mit Moos bewachsen. Eine kleine Rezeptionsgeschichte von Alain Resnais' Film NACHT UND NEBEL. In: *Jungle World* 4.5.2005, jungle.world.de: https://is.gd/4lgTvE (7.2.2024).

Ingmar Bergman: *Laterna Magica – Mein Leben*. Alexander Verlag Berlin 2018.

Ingmar Bergman: *Bilder*. Kiepenheuer & Witsch, Köln 1990.

Daniel Brockmeier: Podcast SF114 – Das indische Tuch. 28.1.2017, spaetfilm.de: https://is.gd/n0yirZ (7.2.2024).

Lothar Buchheim: *Das Boot*. Piper Verlag, München 1973.

Bundesministerium der Verteidigung (Hrsg.): «Geschichte der Marine», bundeswehr.de: https://is.gd/rc9LIV (7.2.2024).

Marie-Janine Calic (2017): «Kleine Geschichte Jugoslawiens». In: *APuZ* –

Aus Politik und Zeitgeschichte Bonn 29.09.2017, bpb.de: https://is.gd/JM5o9y (7.2.2024).

Danish Film Institute (Hrsg.): «The Abyss», stumfilm.dk: https://is.gd/LBHwGa (7.2.2024).

Deutsches Filminstitut – DIF e. V. / Deutsches Filmmuseum (Hrsg.): *DAS BOOT. Auf der Suche nach der Crew der U 96*. Ausstellungskatalog. Henschel Verlag / E. A. Seemann Henschel, Leipzig 2006.

Jean Domarchi, Jean / Jacques Doniol-Valcroze / Jean-Luc Godard / Pierre Kast / Jacques Rivette / Eric Rohmer: «HIROSHIMA, NOTRE AMOUR». In: *Cahiers du Cinéma*, No. 97, Paris, Juli 1959, S. 1–18.

dpa: «Fall Chaplin: McCarthy à la Suisse». In: *die tageszeitung*, 19.5.1995, taz.de: https://is.gd/EOIkv1 (7.2.2024).

Sergej Eisenstein: «Hallo, Charlie» In: Wiegand, Wilfried (Hrsg.): *Über Chaplin*. Diogenes Verlag, Zürich 1978, S. 77–78.

Thomas Elsaesser: *Filmgeschichte und frühes Kino. Archäologie eines Medienwandels*. Edition text + kritik im Richard Boorberg Verlag GmbH & Co. KG, München 2002.

FFA-Filmförderungsanstalt (2023): «Kinoergebnisse nach Kinoform – 5 Jahre im Vergleich», ffa.de: https://is.gd/HFCOnA (17.4.2024).

FFA-Filmförderungsanstalt (2022): «Kinobesucher*innen 2021». Berlin, ffa.de: https://is.gd/YUAtdJ (17.4.2024).

Simon Frisch: *Mythos Nouvelle Vague. Wie das Kino in Frankreich neu erfunden wurde*. Schüren Verlag, Marburg 2007.

Christina Ganzer: «Erinnerung an Krieg und Besatzung in Belarus. Die Gedenkstätten Brester Heldenfestung und Chatyn». In: Babette Quinkert / Jörg Morré (Hrsg.): *Deutsche Besatzung in der Sowjetunion: 1941–1944*. Schöningh, Paderborn 2014, S. 318–334, academia.edu: https://is.gd/g9m6mI (7.2.2024).

Joseph Garncarz: «Wanderkino». In: Filmlexikon, Institut für Neuere Deutsche Literatur und Medien (Hrsg.): *Wanderkino*. Kiel 2022, filmlexikon.uni-kiel.de: https://is.gd/srDGZ5.

Joseph Garncarz: *Maßlose Unterhaltung. Zur Etablierung des Films in Deutschland 1896–1914*. Stroemfeld/Nexus, Frankfurt a. M., Basel 2010.

Joseph Garncarz / Michael Ross: «Die Siegener Datenbanken zum

frühen Kino in Deutschland». In: Frank Kessler / Sabine Lenk / Martin Loiperdinger (Hrsg.): *Quellen und Perspektiven / Sources and Perspectives*. Frankfurt a. M.: Stroemfeld / Roter Stern 2006 (KINtop. Jahrbuch zur Erforschung des frühen Films 14/15), S. 151–163.

Joseph Garncarz: «Über die Entstehung der Kinos in Deutschland 1896–1914». In: Frank Kessler / Sabine Lenk / Martin Loiperdinger (Hrsg.): *Kinematographen-Programme*. Frankfurt a. M.: Stroemfeld / Roter Stern 2002 (KINtop. Jahrbuch zur Erforschung des frühen Films 11), S. 144–158.

Lars Henrik Gass: «We don't need no education. Zur Filmbildung in Deutschland». In: *Filmdienst* 31.5.2023, filmdienst.de: https://is.gd/8E0Tcb (7.2.2024).

Bärbel Gerdes: «Barbara Beuys – Asta Nielsen. Filmgenie und Neue Frau». In: *Aviva – Online-Magazin für Frauen*. 18.5.2020, aviva-berlin.de: https://is.gd/w4vQLk (7.2.2024).

Jim Hillier (Hrsg.): *Cahiers du Cinéma, The 1950s. Neo-Realism, Hollywood, New Wave*. Harvard University Press, Cambridge, Massachusetts 1985.

Victor Hugo: *L'Homme qui rit*. Seuil, Paris 1869/1963.

Jürgen Kasten: «Nielsen, Asta Carla Sofie Amalie». In: *Neue Deutsche Biographie (NDB)*. Band 19, Duncker & Humblot, Berlin 1999.

Céline Keller: 1952–1959: «Mondanités, politique et Cinéma». Institut national de l'audiovisuel, Bry-sur-Marne cedex 2023, fresques.ina.fr: https://is.gd/0eGI51 (7.2.2024).

Siegfried Kracauer: *Von Caligari zu Hitler. Eine psychologische Geschichte des deutschen Films*. 3. Auflage. Suhrkamp Verlag, Frankfurt a. M. 1995.

Klaus Kreimeier: *Traum und Exzess. Die Kulturgeschichte des frühen Kinos*. Paul Zsolnay Verlag, Wien 2011.

Marine Landrot: Hiroshima: l'amour, après l'apocalypse. In: *Télérama* 3.8.2015, aktualisiert 8.12.2020, telerama.fr: https://is.gd/IcJ6ZB (7.2.2024).

Mariann Lewinsky: «Schweizer National Cinema Leuzinger, Rapperswil (SG): Aktualitätenfilmproduktion und regionale Kinogeschichte der Zentral- und Ostschweiz, 1896–1945». In: Frank Kessler / Sabine

Lenk / Martin Loiperdinger (Hrsg.): *Lokale Kinogeschichten*. Frankfurt a. M.: Stroemfeld / Roter Stern 2000 (KINtop. Jahrbuch zur Erforschung des frühen Films 9), S. 64–81.

Norina Lin-Hi / FFA Filmförderungsanstalt (2023): «Panel: Zahlen – Daten – Fakten». Berlin ffa.de: https://is.gd/YUAtdJ (17.4.2024).

Martin Loiperdinger: «Introduction». In: Martin Loiperdinger (Hrsg.): *Travelling Cinema in Europe. Sources and Perspectives*. KINtop Schriften 10, 2008. Stroemfeld Verlag, Frankfurt a. M., S. 9–15.

Matthias Lorenz: «Der weiße Fleck». In: *Distant Kinship – Entfernte Verwandtschaft. Joseph Conrads ‹Heart of Darkness› in der deutschen Literatur von Kafka bis Kracht*. Schriften zur Weltliteratur / Studies on World Literature, Vol. 5., Verlag J. B. Metzler, Stuttgart 2018.

Petr Mareš: «‹One of you must speak English›. Über Mehrsprachigkeit in den Filmen von Alain Resnais». In: Sophie Rudolph (Hrsg.): *Alain Resnais*. edition text + kritik, München 2021, S. 76–80.

Mara Mierendorff: *William Dieterle. Der Plutarch von Hollywood*. Henschel Verlag Berlin 1993.

Corinna Müller: *Vom Stummfilm zum Tonfilm*. Wilhelm Fink Verlag, München 2003.

Corinna Müller: *Frühe deutsche Kinematographie*. J. B. Metzler, Stuttgart 1994.

o. V. / Arttv.ch – Kulturfernsehen im Netz (Hrsg.): «Interview Anja Kofmel, Regisseurin von CHRIS THE SWISS». Zürich 5.9.2018, arttv.ch: https://is.gd/YBYyLk (7.2.2024).

o. V.: «Schnittbericht DAS BOOT», schnittberichte.com: https://is.gd/niLVbD (7.2.2024).

o. V.: «Abende eines Fauns». In: *Der Spiegel* 9/1961, S. 62–71, magazin.spiegel.de: https://is.gd/KhN70P (7.2.2024).

Anne Paech: «Zirkuskinematographen. Marginalien zu einer Sonderform des ambulanten Kinos». In: Frank Kessler / Sabine Lenk / Martin Loiperdinger (Hrsg.): *Lokale Kinogeschichten*. Frankfurt a. M.: Stroemfeld / Roter Stern 2000 (KINtop. Jahrbuch zur Erforschung des frühen Films 9), S. 82–89.

Anne Paech / Joachim Paech: *Menschen im Kino. Film und Literatur erzählen*. J. B. Metzler, Stuttgart 2000.

Johannes Pause: «Der Kalte Krieg und das Meer: Zur Erinnerungspolitik des U-Boot-Films» In: *Zeitschrift für interkulturelle Germanistik*, Vol. 11, Nr. 2, 2020, S. 171–186.

Esther Pramschiefer: «Deutsche Wanderbühnen der Frühen Neuzeit und ihre Spielorte», wanderbuehne.com: https://is.gd/wR6Sns (7.2.2024).

Gerrit Reichert: *U 96. Realität und Mythos. Der Alte und Lothar-Günther Buchheim*. 3. überarbeitete Auflage. Mittler / Maximilian Verlag Hamburg 2021.

Robert Bosch Stiftung (Hrsg.): *Obsolete Stadt. Raumpotenziale für eine gemeinwohlorientierte, klimagerechte und koproduktive Stadtentwicklungspraxis in wachsenden Großstädten*. Stuttgart 2023 www.obsolete-stadt.net (7.2.2024).

Heide Schlüpmann: «Asta Nielsen». In: *Frauen und Film*, Juni 2000, No. 62. Stroemfeld Verlag Buchversand GmbH, Frankfurt a. M. 2000, S. 33–40.

Rolf Steininger: «Der Vietnamkrieg». Bundeszentrale für politische Bildung, Bonn 2020, bpb.de: https://is.gd/9rgxuq (7.2.2024).

Stiftung für Zukunftsfragen (Hrsg.): «Das Sofa als Epizentrum unserer Freizeit». Freizeit-Monitor 2023 Hamburg 5.9.2023, freizeitmonitor.de: https://is.gd/eKIZpC (7.2.2024).

Marcus Stiglegger: «Elem Klimows Vermächtnis». Booklet zur Blu-ray KOMM UND SIEH, Bildstörung 2020.

Michael Temple / Michael Witt (2018): «Forms: The Diversity of Film-Making Forms and Practices during the Thirty Glorious Years». In: Michael Temple / Michael Witt (Hrsg.): *The French Cinema Book*. Second Edition. British Film Institute, Palgrave, London 2018, S. 180–190.

Brooks Vernon: «APOCALYPSE NOW: All 4 Different Cuts Explained (& Which Is The Best)». Aktualisiert 14.12.2023, Screen Rant, St. Laurent, Quebec, screenrant.com: https://is.gd/zP6NAp (7.2.2024).

Frank Völkert / FFA Filmförderungsanstalt: «Arthouse und Kino 2021/2022 – Zahlen, Fakten, Entwicklungen». Berlin ffa.de: https://is.gd/YUAtdJ (17.4.2024).

Martin Vogel: *Apollinisch und Dionysisch. Geschichte eines genialen Irrtums*, Regensburg 1966.

Richard Weiss: «9 must-know facts about COME AND SEE – the best war movie of all time». In: *Russia Beyond.* 22. Juni 2020, ANO TV-Novosti, Moskau, rbth.com: https://is.gd/9dv3kn (7.2.2024)

Wilfried Wiegand (1978): «Die Wahrheit sagen nur mit dem Körper. Die Biografie einer Filmfigur». In: Wilfried Wiegand (Hrsg.): *Über Chaplin.* Diogenes Verlag, Zürich, S. 9–22.

Melanie Wilkes / Heather Carey / Rebecca Florisson: «The Looking Glass. Mental health in the UK film, TV and cinema industry». Commissioned by the Film and TV Charity, London 2020, lancaster.ac.uk: https://is.gd/azdc8d (7.2.2024).

Scarlett Christiane Winter: Robbe-Grillet, Resnais und der neue Blick. Winter Verlag, Heidelberg 2007.

Morticia Zschiesche: «Kinokonzeption Heidelberg. Situations- und Potenzialanalyse 2022 im Auftrag der Stadt Heidelberg», heidelberg.de: https://is.gd/Qgbf00 (7.2.2024).